跌倒的贏家

STUMBLING to SUCCESS

不只成功，更要卓越！商學院不會教的6堂價值數億元贏家智慧學

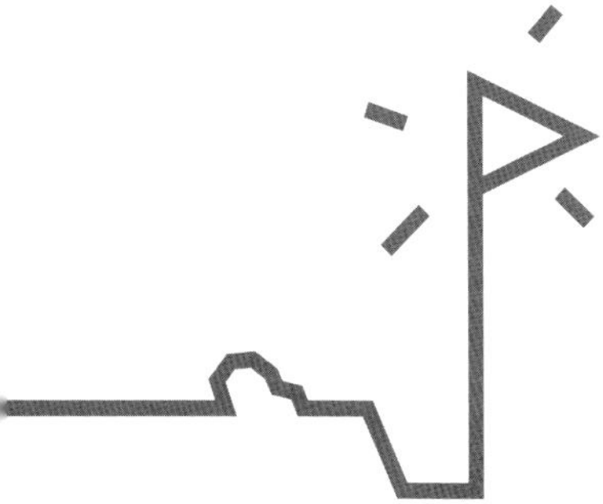

著／黃鵬峻

協力作者／沈剛、許漢宗、劉嘉海

【作者介紹】

黃鵬峻

深耕教育訓練產業逾二十年，於一九九六年成立苓業國際教育學院，二〇〇七年引進國際大師智慧，成為世界第一商業教練布萊爾・辛格的合夥人，在台舉辦過多場世界級大師的課程講座，也曾數度帶領上百位學員至新加坡及馬來西亞等國參加國際課程，當年打破本地教育訓練史上出國上課人員最多的紀錄。接觸過數萬名個案、協助五萬名以上的企業主帶來百分之二十到八十的績效和營收成長。相信唯有「教育訓練」能幫助生命躍進與提升，希望為華人培養更多領導者，並積極推動學員參與公益，讓全世界更豐盛富足。

沈剛

一九八〇年生，輔仁大學影像傳播學系畢業，從終日沉迷電玩的宅男，幡然醒悟成為頂尖業務高手。二〇〇四年進入南山人壽，二〇一一年成立順立通訊處，二〇一六年成為南山人壽史上最年輕的業務總監。以溫暖幽默但不失紀律的領導風格，多次帶領團隊獲得全國第一名的佳績。

許漢宗

米蘭時尚髮型集團總裁。原本是一喜歡跟狐群狗黨鬼混的荒唐少年，為了養活自己，到鄰居開設的家庭美髮院學一技之長，創業過程歷經無數失敗，三十歲之後透過學習突破厄運，以靈性管理及夥伴制度的模式，翻轉身家，從二〇〇二年負債三百萬到現在有三十一家直營連鎖店，年營收破二億以上。以自身經歷，輔導對於前途茫然的年輕人就業，給予未來夢想與希望。

劉嘉海

新埔工專機械科畢業，於一九九一年踏入房仲業，已有二十六年以上的資歷，現為中信房屋新莊中原加盟店總經理，四度榮獲中信房屋全國經營品質獎第一至三名不等，屢創成交件數及業績績效前三名，二度獲得磐石獎，媒體人氣王等。不定期舉辦運動競賽及團體出遊，藉以培養團隊耐力與默契，用活力熱情、如同一家人的氛圍激勵士氣。個人曾創下成交六億七千萬元土地的佳績，團隊業績最高紀錄：單月成交約八億元。

CONTENTS

Part 2

「接受者」與「拒絕者」——卓越與平庸的差異

Part 3 跌倒、後退，是為了跳得更高、更遠

Part 4 真正脫胎換骨的要素與方法

Part 5 成功事業基本三條件

Part 6

影響力才是真正的財富

times you get knocked down.

If you are reading this book, you are probably one of those people. The size of the person is not measured by the size of their achievements. It is measured by the length of their persistence and the depth of their heart.

For more than 25 years I have trained, coached, partnered and mentored thousands of people all over the world who either had the idealistic look in their eyes of great future success or the battled look of frustration as they seek answers to the obstacles that keep impeding their paths.

As you read these words, millions of individuals are striking out on their own to make their difference in the world. Most of them will not succeed to the level they expect. It is not because they will not work hard and not because they do not have great ideas. It's because, while they have a plan to build their enterprise, they do not have a plan to handle the emergencies, setbacks and abandonments that are sure to follow.

They are not physically, mentally, emotionally or even spiritually prepared to take on the blizzard of challenges that await once they step out into the storm. Yet, just like a good business plan gives you a template and a chance to achieve your goals, you must have a planned approach to deal with

【推薦序 1】

It always looks good on paper and in your head... Building a business, raising a family, amassing wealth, making a difference in people's lives and countless other dreams. What every entrepreneur will tell you is what is NOT taught in school and NOT mentioned in the success stories that seem to end "happily ever after..." is that there is NO "happily ever after."

The truth is that once you embark on a dream or goal of any size or significance, you have just volunteered for a life of trials, tests and obstacles that are intermittently punctuated by brief moments of success and glory.

That the joy is not at the peak of the mountain, it is really in the process or journey itself. It is learning to love ALL of it, both the ups and the downs.

For entrepreneurs and those in business, you learn early in the game that once you enter the playing field, you are going to get hit. You also learn that the game is less about money and more about your ability to get up and keep going no matter how many other bad partners, harsh economic conditions, saboteurs and other challenges seemed to strike at the worst times. Yet through it, Steve maintained his loyalty, his commitment, his vision and a sense of calmness that has taught me how to be a better leader and partner. Today his business has grown dramatically and he has touched the lives of thousands of Taiwanese people. We do business together in multiple countries, climbed Mt Kilimanjaro together and continue to raise the standards of leaders throughout the region.

I am honored to call Steve my partner, my friend and a great teacher. In the pages that follow are secrets that will prepare you for the ups and downs of business and life. You are in the hands of someone who knows that territory very well.

The world needs what you have to offer more than ever before. Your gifts and talents are preciously wanted. Trust Steve to help you design the roadmap to your dreams.

Founder Blair Singer Training Academy,
Rich Dad Advisor, Best Selling Author

Blair Singer,

disappointments and failures. It is these setbacks that are actually the keys to your success.

This book is your guide to the other side of the story of success. It is how to find the true assets and resources that are locked in your heart and your vision that will turn obstacles into opportunities to gain strength and wisdom.

One of the things you will learn in this book is the incredible importance of good mentorship and coaching for yourself. Mentorship from people who have weathered the storm, succeeded, weathered it again and taught others to do the same. Real teachers !!

Nearly 12 years ago I met such a person in Taiwan. He was a man of vision, calmness and strength and the author of this book. When I met him, he had already begun to make a significant impact on the small business community of his region. In my search for partners around the world with the ethical fiber, emotional strength and vision, he fit all the criteria. When we signed the contracts to do our first business deal together, I had no idea how great of a partner he would become.

You see, that first deal did not succeed. There is an expression that says, "...in bad deals, you can find great partners." Our first transaction did not go well after the first couple years. Setbacks,

【推薦序1 譯文】

我的事業夥伴、摯友和一位了不起的老師

不論是建立企業、養家糊口、積累財富、改善人們的生活，以及無數其他夢想，在紙上寫好的計畫與在腦袋裡想像的畫面，總是看起來很美好……但是，每一個企業家將會告訴你的是，那些在學校不會教到的，那些在成功的故事中未曾提到的，成功的故事似乎總有著「快樂美好」的結果……，但事實上，從來就沒有什麼所謂的「從此幸福快樂」這種事。

事實是，一旦你開始朝向不論規模大小、或者是否具有意義的夢想或目標前進後，你已經自願面對生命為你準備好的考驗、試煉以及絆腳石，而這

些會時斷時續地在獲得短暫成功和榮耀的剎那間被打斷。

箇中的樂趣不在於到達了生命的高峰，而是在那個過程或旅程當中所經歷的一切。學會去愛這過程中的每個部分，無論是起是落，都是種學習。

對於企業家和商業人士而言，你早在進入事業初期就已經學到，一旦你進入了競爭的環境，你將會受到打擊。你也知道事業本身較少關乎金錢，更多的是關於你不論被擊垮多少次之後，仍然可以站起來並繼續前進的能力。

如果你正在閱讀這本書，代表你可能是這類人物。一個人的程度不是以他們成就大小來衡量的，而是透過他們的持久力與心量大小來評斷的。

過去逾二十五年以來，我在世界各地培訓、訓練指導、合作和輔導過數以千計的人們；大多數的人若不是對未來美好的成功有著太過理想的憧憬，就是當在尋找方法除去持續阻礙他們路徑的絆腳石時，有著歷經滄桑的挫敗表情。

當你在閱讀這些文字時，數百萬人正在自行努力謀生，讓自己在世界上有所作為；然而，這些當中的大多數人，無法達到他們所期望的成功等級。這不是因為他們不努力工作，也不是因為他們沒有很棒的想法，其原因在於，雖然他們有計劃地去建立自己的事業，但是，他們沒有能夠處理這些一定會接踵而來的緊急狀況、挫折和面臨放棄的策略。

他們在生理、心理、情緒甚至是精神上，都尚未準備好去迎接這些一旦開始創業後，就等候著他們的嚴峻挑戰；然而，如同一個好的事業計畫能為你提供實現你目標的範本和機會，你也必須有一個已計劃好的方法，來處理沮喪和失敗。而實際上，正是這些挫折成為讓你成功的重要關鍵。

這本書是你成功故事背後心路歷程的指引；它們指引你如何去找到那些鎖定在你內心與願景中的真實資產與資源，這將會幫助你獲得把障礙轉換為機會的力量與智慧。

在本書中，你將會學到一件非常重要的事，那就是為自己找到優秀的導師與教練。接受那些曾歷經大風大浪後成功了，然後再經歷挫折，最後能教導他人去做同樣事情的人——真正的老師們的指導！

大約在十二年前，我在台灣遇到了這樣一個人。他是一個有遠見、冷靜和充滿力量的人，他也是本書的作者。當我遇到他時，他早已開始對他所在地區的中小型企業產生重大的影響力。我在世界各地找尋具有道德素養、高度情感力量和視野的事業夥伴，這個人符合所有的標準；這個人是黃鵬峻老師。當我們簽署第一份共同合作事業的合約時，那時我還不知道他會是一個這樣棒的事業夥伴。

但，這個第一次的合作並沒有成功。有一種表述是這樣說的：「……在糟糕的交易中，你仍可以找到很好的合作夥伴。」我們的第一份合作事業在頭幾年並不順利。挫折、其他糟糕的合作夥伴、嚴苛的經濟環境、搞陰謀破壞的人及其他無數的挑戰，似乎都在最糟的時刻打擊著我們。然而，透過他——黃鵬峻老師秉持著他的忠誠、他的承諾、他的願景和冷靜的態度，教會了我如何成為一個更好的領導者和合作夥伴。現在，他的事業有著顯著的發展，觸及了台灣成千上萬人的生活。我們一起在世界各國做生意，一起攀登吉力馬札羅山，並持續提高所有地區領導者的標準。

我很榮幸地宣稱黃鵬峻老師為我的事業夥伴、摯友和一位了不起的老師。在這本書當中，你將會找到那些能為你做好準備，來迎接事業和生命高低起伏的祕密；你有這個領域中的箇中高手來帶領你。

現今社會比以往任何時候都更需要你來貢獻一己之力；你的天賦與才能是非常寶貴且被需要的。信任黃鵬峻老師，讓他協助你去設計你夢想的路線圖。

布萊爾・辛格

布萊爾・辛格培訓學院創始者／富爸爸集團首席顧問／國際暢銷書作者

【推薦序2】

夢想的勇者與行動派實踐者

從學校畢業之後，職場才是人生決勝負的戰場，自我實踐與追求才是人生成績的總結。在實踐夢想、贏取成功的路途之中，態度、價值觀、習慣具有關鍵作用，可以為每個人的能力與天賦產生加乘或扣分的改變，引導出大相逕庭的不同結果。

結識鵬峻已二十年，我投入BNI幫助企業家做商務引導，與他可說是一起在台灣教育領域持續耕耘的盟友，又因我曾經在苓業國際教育學院系統學習過，鵬峻之於我，是亦師亦友、惺惺相惜的關係。

我眼中的鵬峻，並非從小就含著金湯匙出生，也不是從念書時期就一路過關斬將的校園精英學霸，他不屬於那種一出場就會自帶光環、鋒芒畢露的類型，而是一種令人感到很踏實、很憨實的存在，性格樂觀進取、推己及人，是能很自然地凝聚人心、帶領團隊突破成長的領袖型人物。

他敢於做夢，是個夢想的勇者，面對挑戰與失敗也始終不逃避，以正面的心態相迎，用熱情積極的實踐態度，去創造卓越與富足的人生。

從鵬峻身上我看見改變的力量，透過持續學習改變自己平凡的生命，當自己豐盛富足、發光發熱之後，又不吝惜地，想要將這份光熱傳遞、分享出去，進而影響別人的生命改變。

每次兩人聊天，我都能感受到他胸懷滿溢的使命感，這是他在事業成功之後，人生現階段的追求，所以他成立群鷹公益發展協會，將自己及學員的人生經驗著作成書，做這些事，都是抱持著想回饋社會的良善美意。

行為與結果的改變，首先要從觀念與思維的改變做起，拜讀鵬峻這本大作，相信讀者會經歷一場啟迪與激勵。很多人嚮往成功，但很少成功是躺贏的，要成功就得去拚、去衝，但在這黑暗摸索，甚至撞得滿身傷的時候，需要有好的教練陪伴與指引，會更快幫助你建立好習慣、持續維持好心態，讓你變得更有力量，也會讓目標出現更明確的跑道，在人生的馬拉松贏得成功錦標。鵬峻，就是一個很棒的人生教練！

BNI台灣國家董事

謝聰評

【各界讚譽】

人生就是一場遊戲，看你如何過關斬將的同時，也能樂在其中。不管你現在處在人生哪個階段，看看《跌倒的贏家》書中的真實激勵故事，也許能為您帶來不同的啟發和突破。繼續築夢追夢，做自己人生的勇士吧！

X-EVENTS商策共同創辦人　Vitini Lin

「成功有線索，不用自己去摸索！」

《跌倒的贏家》，我個人覺得它是一本光看名字就會被激勵到的書。此次我最敬佩的黃鵬峻老師與另外三位成功人士合著了這本書，無私地分享他們精采的人生故事。書本中不只教導我們如何成功，也告訴我們如何會失敗，這些寶貴的經驗分享，就如同生命教育般，不僅讓我們減少許多摸索的時間，加速成功的步驟，更讓自己透過向成功者學習，成為人生的贏家！

住商不動產天母西路／天母忠誠／天母Sogo加盟店總經理　江宛青

很榮幸推薦苓業國際教育學院創辦人黃鵬峻先生的新書，苓業國際的訓練系統幫助了我的團隊——何宏威的業績翻倍成長，並繁衍出元富營業處。每個行業都很有價值，但沒有一個行業比改變生命更有意義。這是一本深入淺出又真實動人的勵志書籍，加上沈剛、許漢宗、劉嘉海三位行業翹楚的分享，相信您讀後會收穫滿滿，更有信心朝自己的璀璨人生邁進。

龍巖股份有限公司業務總監　孫宗民

值得推薦的一本好書，黃老師是影響我成長最關鍵的貴人，其所創辦之一系列課程，經親身體驗及團隊共同學習後，公司已「蛻變」，業績逐年大幅成長。

本書四位主角於業界已是頂尖，他們所分享的人生故事，值得讀者品味、學習，定能獲益。

皇鋼機械股份有限公司董事長　許來春

我對黃老師的使命感到很認同！啟程冒險是一個開始；這本書每位主角的故事都讓我深有同感，身為經營者能在谷底翻身、再屢敗屢戰，需要極強大的心理素質。如果你跟我一樣擁有一群團隊，或你才剛開始要打造一個王國，這是一本能讓你翻轉思維的生命課堂。感受到黃老師跟三位學長對生命的熱愛，讓我也充滿幹勁！

床的世界股份有限公司總經理　陳俊傑

黃鵬峻老師所創辦的課程帶給我人生莫大的改變與啟示。

本書四位作者的人生經歷與經驗，讓我對於未來有更多的方向與啟發。向成功者學習『心法』，是邁向成功最棒的途徑。

得來素蔬食連鎖餐飲共同創辦人／總經理　關登元

【自序】

弱雞變雄鷹　掌握人生逆轉勝

首先，向讀者簡單介紹一下自己。

從小我就不是一個特別優秀的人，沒有金光閃閃、顯赫的家世背景；功課馬馬虎虎；語言能力只比兩光好一點，也沒什麼特殊傲人的專長……，綜上所述，只能算是一個普通到不行的普通人，可能很多讀者的條件都比我來得強。

雖然拿到的是魯蛇角色，但我並不甘於此，很早就下定決心，想在自己的人生舞台上出演「喊水會結凍（台語）」的有錢人，闖出我的一片天地來。

為了這份憧憬與目標，幾十年來赤手空拳，摸著石頭過河，積極追求成功的過程，可說是千滋百味，曾站在小山頭自以為是王，也曾跌到谷底，身上背負幾千萬債務。

我追逐的天堂，一度也是困住我的鳥籠，一天工作十六小時，儘管勤勞是美德，但這不過是辛苦賺工錢，用的是笨方法，而且存款數字雖能遠離窮困，過上還不錯的生活，卻不等同於快樂指數。

如今的我，不敢自稱是多麼成功的企業家，但在事業上影響很多企業主，擁有許多好友，也在財富與心靈富足之間取得還不錯的平衡，最喜悅的事是可以號召一大群領袖一起做公益。

回首過去生命中的每一次轉折，每一次的逆境求生，靠的都是「學習」這項法寶。

學習是讓我「脫平」——脫離平庸的媒介；我沒有在正統的學校系統中贏得一手好牌，拿到可以唬人的文憑，但一次因緣際會，開啟了我對閱讀與學習的興趣，本來有些過動的我一改從前討厭學習、逃避學習的想法，展開追求型的積極人生，這也才有機會反轉命運，開創自己熱愛的事業。

我與書中三位受訪作者，都曾經是世俗眼光中瞧不上的弱雞。我因為愛玩、打架鬧事差點畢不了業，而且以前說話還有點含糊不清，同學根本料想不到我會成立教育學院；米蘭時尚髮型總裁許漢宗是人們口中的七逃囝仔（不良少年），國中時就混幫派、混日子，三十歲之前像被詛咒般，美髮事業做得一蹋糊塗，失敗是家常便飯，屁股後面一堆債務。

南山人壽有史以來最年輕的總監沈剛，大二以後幾乎不去上課，曾是個終日沉浸電玩世界，過得渾渾噩噩的阿宅；創下過個人成交六．七億元土地佳績的中信房屋新莊中原店總經理劉嘉海，讀專科時處在一群富家公子同學之中，來自農村大家庭的他顯得格外平凡。

沒有拿得出手的文憑，也沒有雄厚家世可以背靠大山，甚至曾經資產負數、租不起房，落得天下之大無容身之處的窘境，但是我們沒向命運低頭，人生從荒唐度日、庸庸碌碌，甚至一敗塗地、窮困潦倒的狀態漸入佳境，覓得財富與幸福。

弱雞，為何有機會把自己壯大變雄鷹，翻轉身家與命運呢？

有些人或許會把原因歸結於「幸運」，No！雖然幸運女神的吻有魔法，但包括我們四個在內，許多人生逆轉勝的例子，卻不能用這麼簡單的邏輯概括，就算有好運，也是經過一些必然的準備，才終於水到渠成。

深耕亞洲教育訓練領域逾二十多年，從數萬名學員個案、各式各樣的人生故事中，我看見藉由學習、潛能靈性激勵，加上適當的驅動，能令人在家庭生活、人際關係、事業績效上得到爆炸式的成長，進而實現夢想，在各領域發光發亮，擁有幸福且優渥的生活。

會想要出書，就是希望能用善知識讓全世界豐盛富足。我覺得能讓人往前一小步，不再停留於原地掙扎、抱怨、充滿負能量，變得離幸福卓越更近一步，這是我的天賦及使命，也是上帝對我的祝福！

從我們四人的故事切入，對照我們平凡、不起眼的條件背景，若你有任何一項條件比我好，恭喜你，你比我這種「咖」有更多的可能站在高點，成為人生勝利組；每一個小人物都有機會成為有影響力的somebody。

想從魯蛇變身溫拿（winner），第一欠缺的是什麼？就是給自己改變的機會！願意「往前一小步」是改變的關鍵；打造你的成功格局，就從心靈與頭腦的轉換行動開始，如鷹一般展翅上騰！

Part 1

一切從「想要變得不一樣」開始

我的決心從百分之二十提高到八十，這時的我因此改變了嗎？答案是沒有。當沒有百分百下定決心的時候，只是我的腦袋以為、彷彿、似乎我要改變而已。

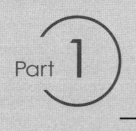

★一公噸的知識比不上一盎司的行動。

★不要小看從〇到一的變化，量變引發質變，代表的是從無到有的可能。

★不要只把學習當成救急的法寶，人的能量曲線有高低起伏，等到感覺疲倦或遭遇瓶頸時才想起要充實自己，已為時稍晚。所以人要定期學習、定期休息，等到疲憊或生病再休息就來不及了。

★很多人工作的能量來自單純地想讓家人過好日子，這也可以成為改變的動機。另外，信念也有助於啟發改變。

★改變不須強求一定要一次到位，可以根據自身情況設定階段目標。

國外曾有一份研究，追蹤一群學歷、智力、家庭條件都差不多的年輕人，發現只有極少數的人會立定長遠而清楚的目標、並朝此專心一志的努力，二十年後盤踞在金字塔頂端的，往往是這類人；而成為律師、醫師、高階主管等位於社會中上層的專業精英，則多半具有會規劃中短程目標，達成後再制定下一個目標的特質。至於茫然沒有目標的人，很顯然，最後成為了庸庸碌碌、處在社會中下層的大多數。

你有想要變得讓自己不一樣的目標清單嗎？躋身年收入百萬千萬億萬薪的人、戴上王者桂冠、擁有人人稱羨的社經地位、享有幸福美滿的家庭、實現夢想中的生活……，晉級人生勝利組是很多人的嚮往及目標。試想，如果有個可以啟動成功人生的按鈕，那你離這按鈕有多遠呢？

答案是「一步之遙」。因為通往成功的道路上，無論是經過無數次的曲折繞行，一步一腳印終於到達成功的終點線；又或者是受到幸運女神眷顧，彷彿搭上專屬尊榮電梯，順利扶搖而上直達成功的殿堂，都唯有驅動自己不要停留在原點，「往前跨出一步」，夢想中的一切才有機會變為現實，不要小看從〇到一的變化，量變引發質變，代表的是從無到有的可能。

我與許漢宗總裁、沈剛總監、劉嘉海總經理都曾經是別人眼中的輸家，一路跌跌撞撞也把天走亮了！「想要變得不一樣的念頭」驅使我們跨出往前進的步伐，藉由四隻弱雞翻身變雄鷹的故事想告訴讀者，不必羨慕人生起點高的人，也不必怕跌倒失敗，即使再平凡不過，即使赤手空拳，只要百分百下定決心改變，沒有任何藉口，只要開始奔跑，就能迎頭趕上。

選擇比努力更重要，更要在好的狀態下做選擇

人生總是不斷遭遇岔路、不時發生偶發事件，任何一個選擇，都有可能左右你接下來的人生。

我跟很多人分享過小時候和哥哥「暗中較勁」的小故事。小學時我課業成績還不錯，考過前三名，這樣的名次照理能得到長輩的獎勵與讚賞，不幸的是，家中有個更會考試、總是拿第一的哥哥，他的冠軍光環讓我的第三名瞬間遜掉了，大人們關愛的目光總是停留在哥哥身上，對他特別寵愛，那個年代我總是用中古的（二手）文具、衣服，令我常感到「既生瑜、何生亮」

的不甘心、不平衡。

儘管拚命想考好，可是無論怎樣努力，每個人的天賦各異，學業成績依舊沒哥哥出色。渴望得到大人的重視，我開始默默觀察大人的行為，當時家中常有客人出入談事情，發現長輩對待有身分地位的賓客特別尊敬，送客時四十五度的彎腰，於是我小小的腦袋瓜裡，思維指令從功課好=受喜愛，自動轉變為有錢人=受尊重。

既然課業成績無法成為我的勝場，至少在金錢這方面要贏過哥哥，好勝的我因此在年僅九歲的童年時期，早早就立定志向要賺大錢，等我有朝一日變成大富翁，就能揚眉吐氣、扳回一城。

都說愛拚才會贏嘛！十七歲服兵役之前，我把自己當鐵牛操，無縫接軌利用了所有時間，想要多攢點錢。白天在美髮產品公司上班，晚上還去夜校上課補充知識，又抽時間加入傳直銷，搞到半夜回家是司空見慣常有的事，睡沒幾個鐘頭，凌晨四點從床鋪上爬起來，再兼一份送報紙的差事，日子猶如陀螺般馬不停蹄運轉，支撐我的唯一念頭就是——不能認輸！

因為自知憑這樣的學歷很難找到起薪高的工作，於是退伍之後，又回到原來公司當業務人員，繼續拿時間、體力換金錢，一邊尋找致富機會。為什麼後來會踏入教育訓練這一行，尋獲我的人生志業呢？這要從一次「當小跟班」的經歷說起。

十幾歲時在美髮化妝品公司送貨時，有一天公司業務部同仁問我晚上有沒有空？為推廣產品提高銷售額，公司會在美髮沙龍打烊後，派職員去幫第一線的髮型師、服務人員做教育訓練。某天，一位資深前輩在準備去上課時，隨口問了句：「要跟我一起去嗎？」我是個好奇心旺盛的人，想知道教育訓練是怎麼樣的模式，當下就說「好啊」。

這次的「陪課」經驗徹底扭轉了我對「上課教學」的刻板印象。本來以為聽課一兩小時，她們肯定感到很枯燥無味，但是這位前輩不講產品而是講銷售的心態，內容話術生動有趣。親眼看到原本上了一天班，一臉疲憊、無精打采坐著聽課的學員，像喝了提神飲料，變得神采奕奕活了過來，整個課堂笑聲不斷、氣氛熱絡，完全打破了我對教學的舊有認知，原來，講課可以這麼好玩。

感受到受訓員工上課前後的差距，我潛意識裡萌生了自己也想帶給別人改變的念頭，想從事教育訓練工作的心錨在那個瞬間定下。之後，經常跟著前輩去上課，聽多了自然就把內容牢記在心，憑藉一股初生之犢不畏虎的傻勁，十九歲時一個機會，我自告奮勇說：「我來幫你們上課吧。」

第一次踏上講台的場景歷歷在目，內湖一家小型美髮沙龍內，一張桌子擺放著琳瑯滿目的產品，六位平常已很熟悉的員工坐在後方直盯著我。原本前一天還自信滿滿，想像自己在台上會表現得生龍活虎，因為在此之前，我已經聽前輩的場次超過一百場了；沒想到實際情況卻是緊張得直打顫，腿一直抖一直抖，腦袋簡直快當機。

慶幸的是，台下觀眾很有人情味，頻頻安慰說不要急、慢慢講，抖得快飛走的思緒及信心才逐漸拾了回來。現在回想，如果生平第一次教學的結局是慘被噓下台，或許再沒機會嘗試，職場生涯因此不在這個跑道了也說不定，所以覺得自己很幸運，也非常感恩。

初次粉墨登場，表現算是差強人意、低空飛過，但讓我認清了自己是真的很喜歡這種站上講台與人交流情感、分享心得的互動體驗。所以後來除了原本的跑業務，我還很熱衷於與美髮業者的教育訓練工作。

因為一次改變的契機，我找到了自己熱愛也能發揮特長的職業，往後無數場次的中小型授課經驗，都成為一塊塊堅實的磚石，為我如今的事業奠定穩固基礎、砌出夢想的高樓。

透過「學習」升等人生

學習不該止步於學校系統，「活到老、學到老」這句老掉牙的台詞不僅是一種態度，更是能為自己的核心競爭力添材加火、提升飛越的助燃原料。

潛能大師安東尼．羅賓曾經說過，一個人做任何事情，總是會有兩個動機：一是逃避型動機，另一個則是追求型動機。舉個簡單的例子，有兩個不同部門的同事合租一間公寓，平常都是坐公車通勤，但今天下班後卻是不約而同走路回家。A是因為回家的時候路上剛好遇到事故造成公車停駛，只好步行；早一個小時離開公司的B則是覺得平時沒空運動，打算用健行的方式，把握時間鍛鍊。A屬於逃避型動機，明天過後很可能就恢復原狀，依然選乘大眾運輸工具；B則是追求型動機，是有意識的自發行為，相對來說，這種變化會有較高的持續性。

說回我的故事。幼年的我，埋頭苦讀只是想考個好成績，藉此得到家人的尊重及關愛，念書是屬於逃避型的動機，並不是打從心底真正的喜愛及追求，我根本不愛讀書啊，又如何強求有卓越的表現呢！

於是小時成績了了的我，因為與哥哥的競爭始終居下風，我決定放棄，老子不讀了！成績單排名愈來愈靠後，反倒混成了師長眼中的頭痛人物，從打架鬧事中找尋自己的價值，甚至搞得差點畢不了業，幸好校長網開一面，只懲罰不准參加畢業典禮，並要求家長把我帶回家嚴加看管。

那是一段無聊到想抓蝨子的日子，被關在親戚家，當時手機還沒發明，房間裡也沒有電視、音響，更別提任天堂紅白遊戲機等娛樂產品，只有一座大大的酒櫃，擺滿了許許多多的——書。是的，沒看錯，酒櫃裡不裝酒，裝的卻是各類世界名著、百科全書。

成天跟這些書大眼瞪小眼，終於有一天，我拿起了其中一本。不是什麼偉人傳記、心靈雞湯，而是文學名著《飄》，只因為故事提到了南北戰爭，勾起我的興趣。看完這本書，最大的收穫是「成就感」，因為自己一向很難靜下心來，也不喜歡讀書，但是當環境空間改變，身處其中的我也跟著變化，在沒有其他人事物干擾的時空狀態下，我竟然把一本厚重的書從頭到尾看完了，心中油然生起一股「打怪通關」後的征服感。

抱著挑戰的心態，我繼續拿起下一本書，就這樣，看完了一本又一本。說也奇怪，我突然領略到「書中自有黃金屋、書中自有顏如玉」的奧妙，就此愛上閱讀。

學歷、經歷都只是過去的成績證明，持續性的學習才是開發未來潛能的金鑰，所以即使沒有高學歷，我也能憑著平時在浩瀚書海裡游泳學得的智慧，在講台上如魚得水，與學員們交流、分享觀點。

成為講師之後，為充實專業技能，給自己肚子裡添加更多墨水，除了廣泛閱讀，我還積極向外尋求各種相關訓練課程，聽演講、上國內外的課程，因此接觸了像布萊爾．辛格這樣的世界級大師，後來更進一步與名揚國際的富爸爸集團成為合作夥伴，開創教育訓練事業的版圖。

說來還真是要感謝當初校長的法外開恩，多虧有這一趟「閉關」的奇遇，不但將我從邊緣人拉回來，更讓我修練出熱愛學習的好習慣，也藉由這種好習慣，生命的層次因而升等。

很多人都明白學習是項好工具，我建議不要只把學習當成救急的法寶，人的能量曲線有高低起伏，等到感覺疲倦或遭遇瓶頸時才想起要充實自己，已為時稍晚，平時透過規律且持續的學習刺激，能量曲線才能保持往上走的趨勢。

按照物理學來講，我們目前所在的宇宙環境中有很多的頻率，你身上和我身上都有屬於自己特有的頻率，頻率就是高高低低的曲線，能量狀態高低替換是很正常的。一樣的道理，如圖A，我們在做學習的時候，當能量下降的時候再來做學習，透過學習，能量會提升，到一個點通常會停止學習，因此曲線又往下降；當覺得不對勁或是疲憊的時候、好像空洞少了什麼東西的時候，又再學習。所以這個曲線的平均線是平的，其實生命並沒有因為這樣變更高。然而圖B，按照自然法則，沒錯！雖然是有上有下，但是我不會讓身體跌到覺得很疲憊了、生病的時候才休息，那就來不及了；同理，也不要等遇到麻煩、瓶頸、困難或挫敗的時候，才學習。

我們在做學習的時候也是一樣，當能量提升了之後，即使有一小段時間沒有學習，但在經過消化後還是有紀律且規律地做學習，或是時間到了就學習，這樣一來，我們生命靈魂層次的平均值，還是往上提升的。

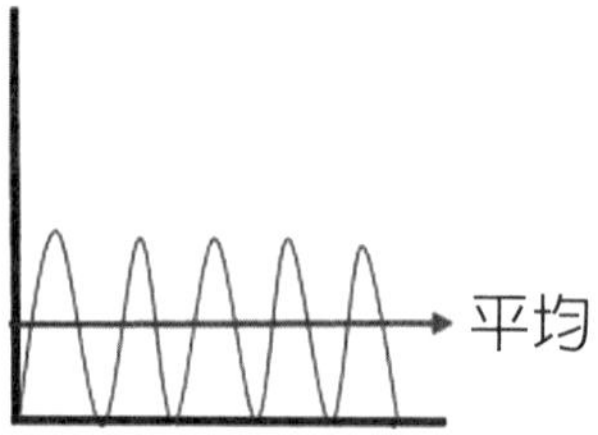

圖A

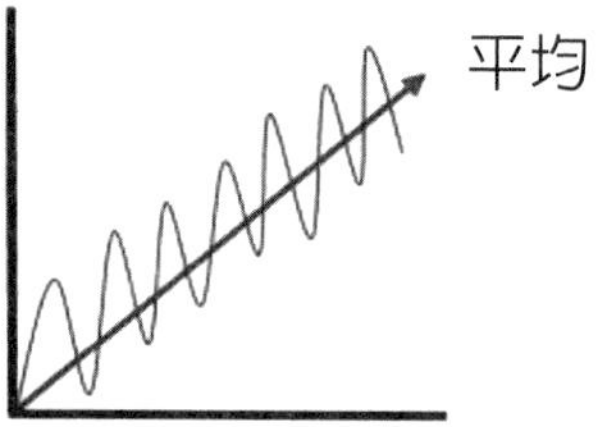

圖B

人生總是不斷遭遇岔路、不時發生偶發事件，任何一個契機，都有可能左右你接下來的人生。

立定目標，做就對了！

我的好友沈剛也是因為一篇報導、一本書的啟發，從「遊戲人生」的茫然虛擬狀態，一百八十度轉彎回歸現實，邁向屬於自己的卓越之路。

沈剛來自公務員家庭，爸媽對兒子的期待很簡單，就是謀求一份穩定踏實的公職。沒想到大二之後，沈剛突然迷上線上遊戲，大部分時間都泡在網咖，他不明白自己的職業性向，也不想思考未來該做什麼，世界縮小到只剩下眼前移動的電玩人物。

某天因緣際會下，他正好看見一篇郭台銘專訪，像是身體某個機關被觸動了，開啟新的視野。那篇報導的主題是業務力，報導說在美國的成功企業家約有百分之八十從事過業務，郭台銘提到一句讓他印象很深刻的話：「一輩子一定要做過一次業務工作」，並舉例，鴻海集團內同樣兩個工程師，有業務能力的會比另一位受到重用。

沈剛憑著粗淺的認知，加上看了一本叫《人脈存摺》的書，他單純地認為自己可以嘗試業務工作。他先是去了一家房仲應徵，但認識的一位教會弟兄正好是南山人壽營業處之下的區經理，對方告訴他不妨去南山試試。

「像你這樣職位年收入多少？要花多久時間才能達成？」沈剛劈頭就直接問那位弟兄，對方回答：「區經理平均年薪約有二〇〇萬元，至於要累積到足以擔任經理的客戶及業務量，一般要花三到五年。」

這串數字相比當時社會新鮮人的月薪高出不少，對沈剛而言，十分有吸引力，他粗略一算，自己努力一把，也許二十七歲就能達陣，即使沒辦法三年內完成，三十歲前拚一拚或許也能有年薪二〇〇萬元的身價。

沈剛說自己是個很簡單的人，當目標設定之後，剩下的就是去做、去完成，不想太多。二十四歲的他給自己半年時間嘗試保險業務工作，心想，如果真的做不來，就算了，把這幾個月當成做義工，反正以他當年的條件也很難找到高薪職務，待在南山人壽，說不定真有變身超級業務的機會，不如就拿青春賭賭看，不行，再換跑道。

但周遭有很多小聲音出現，人脈是保險業務員的命脈，沈剛年輕時又宅又內向，朋友也都是宅男一族，對於他選擇這份工作，父母及親朋好友沒人看好，覺得他性格不合適，也有「剛退伍沒有工作經驗、沒有人脈，你這款哪裡適合當保險業務」的種種質疑聲。

那時沈剛的熟朋友就只有坐在網咖座位附近的宅男，確實缺乏人脈資產，但他發揮在網路遊戲上比拚輸贏的幹勁，即使自覺條件不夠、能力不足，也想著要放手一搏。

把質疑聲變為加油聲

沈剛說，當時有四個好朋友因為不看好，私下以「沈剛在南山人壽職場裡陣亡的時間」做為賭注，四人分別下注一個月、二個月、三個月、四個月，他知道後非常不服氣，也激發出好勝心，想起前輩說：「成功是相信，成功的終點是堅持。」怎麼也得咬緊牙關撐下來，不能被人看衰。

如親朋好友所言，內向個性確實令他在菜鳥業務時期吃了不少苦，總顯得綁手綁腳施展不開。有一家生意很好的眼鏡行老闆是沈剛現在很重要的客戶，但剛開始想跟這個店家介紹產品時，始終沒有勇氣直接表達，而且店內客人絡繹不絕，他不好意思打斷老闆與客人的談話，也擔心打擾人家做生意，店老闆會拒他於門外。

沈剛回憶，眼鏡行有一面很大的落地窗，他騎著摩托車想去拜訪的那天，只要看到裡面有客人，他就「過門不入」，騎車繞到旁邊巷內，再回頭看看客人還在不在，就這樣，他彷彿繞著地球轉的月亮，傻傻繞行店附近約一小時。就在騎車繞行、躊躇著不敢入店的過程中，朋友打賭的畫面突然浮現腦海，這猶如注入一劑強心劑，他激勵自己，「絕不能讓朋友說中！」

不願意放棄，想賭一口氣的念頭，他硬著頭皮踏進眼鏡行，鼓起勇氣開口：「老闆！……兩瓶生理食鹽水。」沈剛自嘲，當時自己實在太膽小了，壓根不敢跟客戶提及保險相關的話題，拿到食鹽水後就灰溜溜地走出店門。

往回走的路上，沈剛轉念一想，那四位仁兄若是知道想必會更看輕他，攸關男人面子問題，於是，他鼓足勇氣再度進去，這次是拿出準備好的問卷麻煩老闆填寫，對方人很好，二話不說幫他填了，這給了沈剛自信，後來經過多次拜訪，他逐漸突破自己的缺點，更因為勤快走動，這名老闆終於成了他的客戶。

四個好友沒人贏得賭注，沈剛不但在保險業存活下來，跌破眾親友的眼鏡，更在二十七歲那年高升區經理，一如最初設定的三年內達成目標。

沈剛的例子告訴我們，周遭的雜音也可以變成激勵自己不斷往前的加油聲，拿勇氣當武器，就有改變的機會，而改變的動力來自於追求清晰的目標。

周遭的雜音也可以變成激勵自己不斷往前的加油聲，拿勇氣當武器，就有改變的機會，而改變的動力來自於追求清晰的目標。

要有沸騰至百分百的決心

二十五年前我曾經因為太過自大，自認賺錢很容易，結果發生投資槓桿失衡，負債六百萬元。那段低潮時期，為了盡早還清債務，我經常忙得焦頭爛額、昏天暗地。

有一天，同樣從事教育訓練的朋友打電話給我，邀我一起去美國參加一項課程，上課加上往返要十天的時間，意味著我若參加，這個月將減少三分之一的收入，何況課程及飛機票也是一筆錢，所以我敷衍地回說考慮考慮。

朋友沒有放棄，接下來好幾天都很積極地說服我，他說：「課程萬一有效，而你沒有學到，會不會很可惜！」到使用激將法：「要是我們都學會了，而且成功了，就只有你不會，你不覺得丟臉？」我確實被他說動，想去的意願從原先的百分之二十，提升到百分之六十，再因輸不起的心態，被激得上升到百分之八十。

我的決心從百分之二十提高到八十，這時的我因此改變了嗎？答案是沒有。當沒有百分百下定決心的時候，只是我的腦袋以為、彷彿、似乎我要改變而已。

不少人都有這樣的經驗，聽了一次激勵人心的演講、讀了一本鼓舞勇氣的好書、看了一場喚醒夢想的電影，覺得全身充滿力量，滿懷著「我一定能變得更好」、「我一定要成功」的情緒自我催眠，但是隔天一覺醒來，還是一如往常，什麼都沒發生。

《祕密》這本書在講吸引力法則，你相不相信心想事成呢？很多人說「會」，但我說：「不容易」，不然怎麼有句話叫事與願違。我認為只有百分之十的人會心想事成，百分之九十的人會事與願違，關鍵在於有沒有真的去堅信、去行動。

以燒開水為例，燒到八十度就熄火了，即使燒三天三夜也達不到沸騰的一百度；關鍵是，有沒有用掉很長的時間、有沒有用掉很多瓦斯（能量）而依然沒有成功？所以，會有很多人開始產生疲憊感，一旦有了疲憊感，你的行為就會開始放低標準、懶、拖延……，還有最嚴重的是犯罪心理學提過的，人在疲憊時是「無法拒絕誘惑」的，因而容易壞習慣上癮，例如：毒品、酒精、賭博、性、藥品。

很多人經常想著要改善停滯不前的現狀，想給家人更好的生活，想提供孩子不輸人的起跑點……。想了很多也用了很多時間想，但僅止於「想」，就如同用了很多瓦斯卻始終沒有把水燒開，這也是為何這些人會有疲憊感。

後來我到底去美國沒有？去了。朋友見我雷打不動，最後氣得拋下一句：「到底負債六百萬跟六百三十萬有什麼差別？」接著就掛上電話。這句話猶如一道閃電強烈擊中我腦門，我心想，對啊，若是因為斤斤計較著眼前的金額數字，卻與成功的機遇擦身而過，豈不是損失更大！於是我收拾行囊飛到了美國。

這趟學習旅程成為人生中非常寶貴的經歷之一，經過大師級教練的洗禮，非但拓展了新思維、新視野，我還將課程引入台灣，形成極大回響，一年之後為公司帶來八位數字的營收，也有企業家來上我的課後，績效在七個月內快速成長而受到商業雜誌的採訪報導。幸好朋友臨門一腳的勸告正中靶心，也感謝自己將沸騰的決心轉換成火熱的行動力。

讓自己被看見

農村子弟劉嘉海總經理，生長在成員龐大的超大家族，阿嬤有十四個小孩，爸爸是最小的，爸媽又生了七女兩男，他也是么兒。他從小經常跟姪子輩一起玩耍，因為年紀差不多，只是輩分上高他們一等而已。

嘉海回憶，小時候有次帶著姪子、姪女去野外玩，有個侄子一時沒注意，被蛇咬傷了，阿嬤認為他是小叔應該負責任，就在全家族人面前把他吊起來打，打得是不嚴重啦，就一點皮肉傷，阿嬤的目的只不過想藉此警惕。

「在人口眾多的大家族中，這麼多的大人、小孩晃來晃去，想要讓阿嬤看到你，不是做好事，就是幹壞事。」嘉海開起玩笑，性格中帶點叛逆因子的他，童年還會故意搗蛋小使壞，例如自家田裡明明有種地瓜，卻領著一群小嘍囉去偷挖別人家的地瓜烤來吃。

國中畢業後報考學校，嘉海又不按理出牌。以他的聯考分數，是有希望吊車尾考上台北工專（北科大前身），這學校可是北區工專界的第一名。但交報名表時他卻突然轉念，改報名致理商專，原因很簡單，讀商專的女同學多，國中時期已是男女分班，他不想再讀幾乎都是男生的學校。

他的如意算盤沒打成，老爸氣得七竅生煙，隔天就被家人逼著重新報名，最後考上新埔工專機械科。不過來回這麼一折騰，卻意外促成他必須離家住校，這五年住宿的日子猶如打開新世界大門。

學校內有不少學生是富家子弟，頭一天上課就看到有百萬名車接送，同寢室的室友也是出身富裕家庭。來自樸實鄉下的嘉海，跟著他們聽西洋音樂、騎變檔車兜風，感受到有錢人生活的餘裕，不過，同學絲毫不必擔心下學期學費、生活費沒著落，不像他還得打工賺錢。於是嘉海在心中悄悄訂下目標，「我想要出人頭地，做出一番成就給父母看、給阿嬤看、給全家族的人看。」

從性格和興趣，去找自己的熱愛

大家族容易有從眾心理，嘉海的家族成員以從事泥水業及花藝業的最多，想要變得不一樣的他，並沒有跟隨大部隊走。進入職場後，他先是學以致用，到機械工廠做事，專業知識充足加上學習力強，他被高薪挖角，同樣職務別人拿一萬元，他拿三倍——三萬元的薪水。

雖然深受公司器重，工作相當得心應手，待遇也不錯，但嘉海發現自己並不是很喜歡這一行，因為他的性格活潑外向，每天面對生冷不會說話的機器，就如同對牛彈琴沒有交流回響，職場環境過於死板，感到很沒意思。而且心底仍懷有雄情壯志，待在這兒令他有種龍困淺灘的感覺。

在機械工廠待了一年多後，有一天老闆跟他說：「我打算到大陸設廠，這裡要收起來了，你有興趣收購廠裡的模具、機器，自己當老闆嗎？」嘉海認真思索了幾天，決定去別的領域闖一闖，他想起念書時立下的目標，打算做高價位產品的行銷業務，希望快速發達致富。在黃金珠寶及房仲兩種行業中，他選了後者。

那個年代，台灣經濟可以說來到全盛期，當時有句話：「台灣錢淹腳目」，很多農民賣了農地變成田僑仔一夜暴富，鄉鎮城市各處都有蓋房、買賣房屋的市場需求，到處是機會，嘉海決定轉換跑道投身房仲業，覺得能快速複製成功。但他的決定引發家人反對，老一輩的人把仲介叫「牽猴仔」，父母對仲介的工作並不理解，覺得好不容易把兒子培養到工專畢業，居然做這一途，而且收入也太不穩定。

嘉海不顧父母的阻止，反而更想要證明自己，他孤注一擲，想著要在房仲領域盡力拚搏，「希望將來有一天闖出名聲，讓他們都能笑著認可我的選擇。」五年後，他到土城開店，為新店開幕剪綵的消息登上了報章雜誌，那一天，父母看見了新聞，也看到了他的努力成果。

我認為只有百分之十的人會心想事成，百分之九十的人會事與願違，關鍵在於有沒有真的百分之百地堅信、去行動。

成功和你的距離，只是在兩個耳朵之間

布萊爾・辛格說：「成功之道並沒有一般人想的那麼遙遠，其實成功和你的距離，只是在兩個耳朵之間。」簡單來說，腦袋裡每天都有很多小聲音會跑出來跟你自己對話，例如：不可以啦、可能嗎？如果哦……，成功的原動力不必外求，就藏在你的腦袋中，是思想的起心動念。

想從困頓的泥沼中走出來，變得不一樣，就不能當思想上的巨人、行為上的侏儒，重要的是去驅動它，激發正面積極的動能，成為幫助你改變現狀、晉升卓越，獲得財富與幸福的原力。

一般人要如何驅動改變的動力呢？首先，自問對夢想有沒有百分之百的渴望？沒有目標卻經常胡思亂想、糾結於小事情，容易造成思想上的負擔。外在的物質世界是內在世界的投射，先試著找到自己的夢想、興趣，有可能是童年閃過的念頭，或是生活中某件事的啟發。

如果實在找不到夢想來做為啟動改變的引擎，可以想想有沒有其他渴望的東西？很多人工作的能量來自單純地想讓家人過好日子，這也可以成為改變的動機。另外，信念也有助於啟發改變（所以要找到對的環境），把自己丟到正向的環境很重要。

「信念來自於過去的經驗，及來自於知識」，舉個有趣的例子，以前有個很有名的廣告，廣告台詞是：「喝牛奶會長得跟大樹一樣高」，我對喝牛奶會長高的說法深信不移，但某次去美國參加七天的課程，聽到一名諾貝爾醫學獎得主醫師說：「牛奶是牛喝的，不是給人喝的。」從那一刻起，我就不喝牛奶了。當然，關於這個理論，各有各支持的論點，我要表達的是，當知識改變信念，行為也隨之轉變，行為轉變影響結果的改變。

「信念也來自於偶發事件」。我認識一個田僑仔，交往不深，記憶中他總是拿著粗大的黑金剛手機，看起來有點土氣，有點招搖，很有錢但為人非常摳門。有次我到醫院探望朋友時，看到了多年未見的他，他穿著義工的衣服正在為患者服務。義工形象很難跟印象中的他產生連結，我走過去打招呼，閒聊後才知道他去年突然大病一場，剛從鬼門關回來，他很感恩及珍惜生命，行善的信念令他有了改變，才會來醫院當義工。還有一些例子，是來自我的學員的反饋，他們很可愛，被老闆派來上課，因為非自願，課堂上防禦心很強，但上完課後卻說很感謝老闆，藉由這樣的「偶發事件」，他們得到了改變的機會。

至於我的信念，是來自小時候想要獲得尊重與認同的動機，這成為我激勵自己的信念。每當跌倒受挫，我就不停告訴自己，「我還沒有做得很好，我還要爬起來，我還有很重要的目標與成就還沒有達成。」

向成功者借鏡

許漢宗就是因為找到可以借鏡的榜樣，偏離的生命軌道因此回歸正途。

原本是個放逐自己的七逃囝仔（不良少年），父母在他小學一年級時離異，父親再婚，對他跟姊姊一直沒付出多少心力，缺乏為人父的責任感，母親也不懂得與兒女相處，所以漢宗幾乎是在沒有雙親陪伴及照顧的情況下，自己長大。

讀書時念的是放牛班，班上群聚不少和他一樣被家長、老師放棄的孩子，感受不到家庭的關愛及約束，他轉而從同儕朋友中找認同，想用友情取代對親情的渴望，整天和狐群狗黨玩在一塊，結黨結派到處鬼混，還加入了飆車族，日子過得渾渾噩噩又荒唐糊塗，過一天算一天，對未來沒有任何想法。

因為父親好賭又沒有固定收入，漢宗做過不少工作，當鐵工、賣檳榔、工廠作業員、餐廳廚房打雜，但都做不久；做不下去的理由很多，發現自己有懼高症、受不了長時間在太陽下曝曬、不喜歡單調無味的工作，或是駕馭不了、沒有興趣等等。也一度想乾脆真正去混黑社會好了，但覺察到自己的個性不是真的能逞凶鬥狠，無法為了利益就任意傷害別人，不適合做「兄弟」。

住家隔壁有間家庭式美髮院，父親希望他去學一技之長，又剛好有個朋友的叔叔、嬸嬸也在做美髮，漢宗心想可以不必繼續升學，好吧，就去試試美髮工作。

從洗頭、上捲子，練習吹整頭髮、剪髮開始學習，這過程對漢宗來說，既枯燥又乏味，簡直煎熬。那時候的他因為親子關係疏離造成自卑感強、性格自我封閉，即使不懂也不敢發問或是尋求幫助，加上在外面浪蕩慣了，缺乏自我管理的能力，他經常不想做了就自動放假跑出去玩，基礎技術自然練得七零八落，一般工作兩、三年就能升為設計師，他卻花了四、五年。

「其實我數度想要放棄。」漢宗坦白地說。因為缺乏興趣，沒心思去打磨專業技術，功夫不比人強，他像個半吊子找不到成就感，一走了之的想法經常冒出頭，但是離開後要改換什麼工作，他也沒有主意。

漢宗打趣說，多虧當時自己對未來沒有想法，就這麼拖拖拉拉，將就著過，才有機會在約莫十八、十九歲的年紀，到台南一家名為波菲爾（後來更名為彼得潘）的美髮沙龍連鎖店工作，從那家店的老闆身上，他看見自己在美髮業發光發熱的可能性。

這位老闆並非技術出身，但擅長行銷及店面經營，「原來這行業也有不靠吹剪頭髮技術，依舊能將美髮沙龍經營得有聲有色的人。」這給了漢宗無比的信心，他知道自己志不在提升技術，美感方面也不如其他設計師，他重新定位自己在這個產業的角色，也許管理層面的職務更適合自己。

因為找到學習、仿效的榜樣人物，漢宗改變了想法，本來想逃離的地方，卻成為他的職場歸宿，最後在美髮業創造了屬於自己的連鎖王國。

改變不必一次到位

二十多年職場生涯，接觸過數萬名個案，無論學員來自何種產業及領域，無論想突破的是哪些方面，他們都有一個共同點，那就是「人」，所以歸結到根本核心，成功的法則萬變不離其宗，就來自每個人自己潛在的能量開發。

以前有時候會懷疑自己：「我做得到嗎？我可以帶給別人什麼？」直到心底有個聲音出現，「如果我可以讓別人往前一小步，一小步就好，好歹我讓他離目標又縮短了一小步。」所以很多來上過課程的夥伴都清楚，我設計了一些體驗遊戲，透過遊戲讓學員有勇氣、有動力在職場及家庭實際操作，「往前一小步」就是關鍵的開始，當小小地往前一步後，就可能產生很強的後勁，引起巨大的漣漪效應。

我的學員有自發性來上課的，也有被公司指派不得不來參加課程的，他們遭遇著形形色色的困難及阻礙，有的是事業陷入困境，有的是工作面臨瓶頸，有的是人際關係焦慮，有的是家庭情感疏離，我親眼看見他們因為思想的改變，帶來行為的改變，行為的改變迎來生活與工作的正向轉變，甚至個人以及企業在短時間內營業額呈倍數成長，錢財滾滾而來，擄獲幸福與財富。

改變不須強求一定要一次到位，可以根據自身情況設定階段目標，就像是打造一階一階的踏板，在終極目標前鋪一條往上爬的階梯。如同涓滴細水匯聚成河，各種主客觀條件一旦成熟，最後自然水到渠成。

成功學很多人都懂，但只有知識，沒有驅動自己去跟夢想連結，等於空談，所以我常勉勵別人一句話：「一公噸的知識比不上一盎司的行動。」願意去改變、相信改變的可能性，並且一定要付諸行動。

外在的物質世界是內在世界的投射，先試著找到自己的夢想、興趣，有可能是童年閃過的念頭，或是生活中某件事的啟發。

幸福．財富

一次拚出來的簡單實用法則（一）

你只要跟我一起改變原有的「負面信念系統」

信念：你必須要使用「精準的語言」在自己身上

我曾經開過一門非常實用的課程，快速讓自己推向山峰的方法。你知道全世界最會賺錢的民族嗎？答對了嗎？答案是「猶太人」。當時這門課程就叫猶太致富法則，我研究了許多關於猶太人的歷史、宗教、音樂……，得到一個簡單的結論：我們跟朋友聊到天氣時，你問他今天天氣如何？朋友會告訴你「還不錯、有點熱、有點涼、好熱、好冷……」，猶太人會很精準地告訴你「今天天氣攝氏二十五度C或三十一度C……」，沒有模糊的用語。

當你在大樓中庭廣場遇見鄰居帶小孩散步，你會寒暄並且說小孩可愛、多大了？……，同一畫面如果是猶太人帶小孩散步，他會告訴你，我左邊的兒子現在九歲，二十五歲要當律師；右邊的女兒現在八歲，二十六歲要當會計師！不要用灰色、模糊的語言在自己身上，例如：以前習慣用「可能、希望、或許、大概、差不多、彷彿、似乎、想……」，這些模糊的語言會殘害自己內心的靈魂，因為它不會讓你肯定地下定決心，平庸會成為習慣，卓越也會成為習慣。

練習

用精準的語言（有數據、日期）：「我要」代替「我希望」！記得沒有「希望」二字，只有「要」或「不要」！

Part 2

「接受者」與「拒絕者」
——卓越與平庸的差異

做生意要避免「聰明反被聰明誤」，接受才有辦法享受，愈是決策者、主事者，或是第一線面對問題的人，碰到挫折的次數愈多、遇到挑戰的量體愈大，也就愈能應變，在大雨來之前，先準備好傘。

★成功的關鍵，在於你和哪群人為伍。

★如果想賺一億，應該建立賺十億的思維。

★被困在豢養的環境中，也就等於放棄在遼闊世界盡情奔馳，失去隨心所欲探索大自然風貌的自由。這，就是享受這種舒適的代價。

★行銷真正的目的跟意義，必須賦予精神涵義：行銷，應該是一種「分享」。

★難過、失望、抱怨，種種負面的情緒都很正常，但不要陷入沉浸在這樣的低氣壓太久，若你身邊有這種人，記得你只有十二秒的逃開機會，快逃！不然會固化。學著遇到就感謝，感謝老天爺給我這樣的經驗，這個經驗處理好之後，下一個我就得心應手。

求學時期，芸芸學子之間卓越與平庸的差異，往往取決於智力及勤力，因為當前的教育體系，評鑑課業成績的主要方式，在於有沒有回答出更多正確答案，得到更多的打勾，拿取更高的分數。

然而，我們的人生卻沒有任何一本教科書或是題庫能夠套入，每個人的將來都充滿著數不清的未知與變數，再也不是只需背誦答案、公式就能交出完美答案卷。

於是，讓你成為卓越或是平庸的關鍵，很多時候，是來自對於「機會」與「風險」的接受程度。

夢想，許多人都有，但更多是淪為紙上談兵，沒有落實於行動。其實，遊戲結果只有贏或輸，如果你目標定在「不要輸」，總是以負面想法看待自己，還沒上戰場就輕易打退堂鼓，總是認為自己肯定不行，嘟囔著絕對沒辦法做到，長期下來就會把自己愈看愈小，當然不可能創造偉大的成就，也無法知道自己的真正能耐。

如果想賺一億，應該建立賺十億的思維。

平凡大眾想的是安穩避險，就算別人告訴你有成功的好機會，也可能因疑神疑鬼而將財神爺拒於門外，屬於拒絕者。

觀察有錢人的思考模式，會發現他們屬於接受者。看見一扇機會的門，儘管也害怕有危險，可是他們會想辦法去打開，戴上安全帽走進去看看，才知道裡頭是否有植滿財富的花園、有沒有能培養成功的沃土。態度上更勇於接受風險。

假設有十扇門，前面九扇都是風險，只有打開最後一扇門，才會看見放在裡頭的寶藏，但你沒經歷過前面九個風險或挑戰，最後一個機會不會到來！

十扇門相當於有十次機會，現在，給讀者出一道簡單的數學題，拒絕者因為恐懼門後會有猛獸，全部拒絕不去開門，那麼，拒絕者的成功機會是多少呢？

答案是種地瓜長黃豆的機率，也就是零！

至於接受者雖然可能歷經失敗的考驗與打擊，但好歹有十分之一的成功機率。

從很多成功人士的傳記故事也不難發現，他們都曾經是失敗者，在成為卓越的路上重重跌過跤、摔得滿身傷。失敗並不丟臉，能在挫敗經驗中累積寶貴的成功學分，鍛鍊跟逆境嘶吼說：「來啊！我不怕你」的氣魄，最後打出一場精采翻身戰，才是真正能身經百戰的王者。

感到擔心、恐懼時，用力拍一下大腿，大聲告訴自己：「反正死不了！」是很有力量的。

敲機會的大門，該出手時就出手

劉嘉海就是一個勇敢的接受者。他觀察當年台灣房地產的蓬勃景氣，認為房仲業有能助他嶄露頭角、快速積攢財富的機會，所以願意冒著一切從頭開始的風險，從本科專業、安穩支薪的機械產業，跨行到一竅不通的房仲領域，毅然而然轉彎，換個跑道施展抱負。

民國八十年，嘉海踏入房仲業，成為一家地區性的自有品牌「四維房屋」的員工。

雖然明白這個行業與製造業不同，本身沒有製造任何產品，也做好了充足的心理準備，一切要回歸「人本」。不過實際上線拜訪屋主、帶客戶看房，他才發現原先預想的情況還是太過簡單。

尤其當時的大環境因為消費意識還沒抬頭、市場紊亂、資訊不對等，很多人害怕被騙錢，所以房屋、土地多是選擇自售，不願意委託房仲，業務員被人當做騙子討厭、被冷眼以對是常有的事。

「經常我都還沒開口說幾句，就被不少屋主苦口婆心、語重心長地勸告：『少年耶，你年紀輕輕，幹嘛做這行？去找別的工作做吧。』」嘉海無奈表示，工作期間被狗追、被狗咬、被潑冷水、被人拿掃把趕，各種狼狽事也沒少發生過。

更誇張的一次，他帶客戶看房，本來客戶看得很滿意，有很高的簽約意願，他覺得穩操勝券的時候，卻突然衝進來一女人，二話不說就朝著自己吐口水。他當下非常錯愕，後來才搞清楚來龍去脈，原來隔壁鄰居有些精神異常，錯把他當成她丈夫，本來就快成交的案子，也因此飛了。

雖然遇到形形色色的困難，嘉海並沒有被嚇跑，反倒激起不服輸的性格，初期幾乎以公司為家，晚上就在公司打地鋪，冷硬的地板像是一面警告牌，提醒自己還要更努力。

他很明白要說服比自己有錢的人跟他買賣房子，總要有所代價、有所付出，天下可沒有白吃的午餐。

公司對新進業務的教育訓練相當扎實，而他遇到任何不懂之處也絲毫不害羞，不管是流程、稅費、銷售方式等等，都一定抓著前輩打破砂鍋問到底。

「我的數學老師曾說過：『當嘉海想知道的時候就一定會知道，不想知道的就永遠不知道。』」老師這席話，清楚點明嘉海面對不解問題就舉手提問的積極個性。

敢問好學、能吃苦又不怕與人交際，不久，他就抓到撬開銷售門檻的訣竅，業績很快做到店頭前三，而且他不但充足自己的業務實力，更伸展觸角，從旁觀察店長、副店長，看他們平時的工作流程，以及如何管理、執行事務內容等等，並在適當時機主動向老闆爭取成為管理職。

分內工作表現優異、達成階段目標即瞄準下一個，並且果敢爭取機會，該出手時就出手，這三項特質讓嘉海的晉升之路猶如搭載了噴射引擎般飛快，短時間內便從主任、副店長做到了店長。

然而，天有不測風雲，人生有時比電影還戲劇性，兩年後，公司因為其他的投資失利，財務狀況捉襟見肘，連薪水、業績獎金都發不出來。

起先，嘉海與同事雖然沒收入也不願離職，咬牙力挺老闆，想著大家一起過河、一起走過低谷。只不過到最後，老闆依舊苦撐不下去，公司難逃倒閉的危機。

「不如，我們自己來做頭家！」這時，有人提出了這樣的想法。

擁有自己的店面一直是嘉海的夢想，但這也意味著更大的責任與風險成本。經過審慎的思考與商議，他再度接受考驗，與六位志同道合的同事共同出資，最終把店給頂了下來。

身為老闆之一，嘉海也更加投入於事業之中，所謂眾志成城，憑藉專業經驗及拚搏精神的凝聚，又一個兩年，他們開開心心在土城開了第二家店，再一個兩年，剪綵的鞭炮聲再度響起，他們來到新莊另闢戰場，兩間店頭新開張。

四年之間展店成長四倍，這在房仲業是非常可喜可賀的實績了！

失速起伏的人生坡道

創業前幾年，嘉海的事業一帆風順，直到面臨一個時間點。

由於市場消費者的價值觀改變，對委託房仲買賣房地產的接受度普遍提高，房仲連鎖品牌也愈來愈多，嘉海與合作事業夥伴經過考量，決定從地方品牌轉換為全國性品牌，希望藉由品牌的知名度及信任度提升業績與交易量，這時，他們看到了「中信房屋」的招募，分析利弊後正式加盟。

品牌轉換後歷經一段磨合期，又正好遇上幾次重大修法，像是房仲業被納入勞基法規範，導致業界大地震，紛紛調整薪獎制度及工作時間，接著「不動產經紀業管理條例」施行，首次舉辦不動產經紀人資格考試。

原先一起合作的夥伴，有的因為成家另有打算，有的對房仲業產生退意，有的看見日益下滑的成交量想止血停損，種種原因，一個一個求去。

「我不想放手，對於房仲業，我還有堅持及熱情。」

嘉海獨資把店全吃了下來，也安排一位好友到其中一家店幫忙照看。

他想憑一己之力，力挽狂瀾，可惜面臨房地產緊縮，等於雪上加霜，終究不敵逐漸頹倒的速度，民國九十二年，從輝煌時期的四家店，紛紛收攤，最後落得只剩一家。

為什麼會失敗呢？分析原因，先是原本公司業績在當地少有對手，不知不覺中經營團隊過於樂觀與自信，導致誤判形勢，展店過於快速，但基礎卻像浮萍一樣，沒有扎實根部，容易塌倒。再者，對政令的因應不夠快速靈敏，對市場的景氣也缺乏警覺性，缺乏管理的靈活彈性及遠見，埋下失敗的種子。

對政令的因應不夠快速靈敏，對市場的景氣也缺乏警覺性，缺乏管理的靈活彈性及遠見，埋下失敗的種子。

嘉海是很有韌性的人，事業上是這樣，生命力也是這樣。

他曾當過空中飛人，從三、四層樓高的高度，失足下墜。

那是發生在民國九十年，農曆年剛過，嘉海與同事拿著大幅海報來到林口一間廠房，打算將廣告張貼在外牆，吸引往來路人的注意。

在鄉間長大的他，從小就喜歡爬樹，對自己的身手可是自信得很，他自告奮勇要上去貼。當天風很大，但是嘉海動作敏捷，三兩下就竄了上去，挺著風速把海報穩穩貼好。

他回身正要準備下來，突然間，一個踩空，整個人從高處直直落下。

右手斷了、右腿開放性骨折、脊椎第四節受傷，到長庚醫院時已氣胸。醫生說他撿回一條命是命大。

脊椎的傷勢有可能會癱瘓，幸好老天爺眷顧。嘉海說他當時被要求只能平躺，躺了快兩個月，直到復原到一定程度，終於能將床升至四十五度，當他可以稍微坐起看到窗外景色時，忍不住大哭。

之後約半年穿著鐵衣復健，老婆那時候正懷第二胎，可想而知，夫妻倆當時有多煎熬。

重生之後，嘉海在事業上也有起色，他專注經營唯一一家店，像個火車頭一樣帶領下屬往前衝，將專營產品從原先的成屋擴及廠房、土地、店面、商辦，民國九十八年後又開始一家、兩家、三家的展店之路。

要被舒適圈圈住嗎？

嘉海在房仲業的創業過程起伏跌宕，他是學機械出身，有這方面的專才，在原職場也受到器重，有不錯的能力發揮空間，如果繼續待在原產業，憑一技之長奮鬥幾年，從小職員升到廠長、總經理，相對安全安穩。

但是，他傾聽心底聲音，感受到實現他夢想的地方並不在這裡，於是跳出舒適圈，去挖掘另一種可能性，即使劈頭而來的會是一連串的鄙視、看輕，甚至是自我懷疑的挫敗感。

讀者都有去過動物園的經驗吧？原本該在原野奔跑獵食的猛獸，懶洋洋或趴或躺，又或者沿著圍欄內一方小領地繞圈打轉。

這種環境舒適嗎？舒適啊！牠們不必為了下一餐去辛苦狩獵，有人會給牠們送吃的，牠們不必擔心在覓食的過程中萬一受傷了，或是在惡劣氣候下生病了，只能靠自身痊癒力自求多福。

可是，被困在豢養的環境中，也就等於放棄在遼闊世界盡情奔馳，失去隨心所欲探索大自然風貌的自由。這，就是享受這種舒適的代價。

我遇到過很多學員抱怨現在的生活狀態、工作環境是如何如何不好，但即便牢騷很多，或是有滿腦子更想要做的事，卻因為習慣了，或是待遇過得去，或是害怕改變，而躊躇不前，詢問我該不該換工作、該不該拚一拚。

要不要跳脫舒適圈？這個答案得自己尋找，拿張紙、拿支筆，或是打開電腦記事簿，列個表分析優劣得失，離開舒適圈的代價有什麼？必須重新適應哪些方面？面臨哪些新挑戰？或者是否能接受專業資歷回歸為零、職位從高到低地重新洗牌……？

待在舒適圈的代價又是什麼？會因為一成不變、缺少樂趣、麻木僵化的日子而困擾嗎？滿不滿足既有的薪水報酬？能承受職場薪資天花板的限制？

或者是不改變就會被淘汰的危機……？

說實話，兩邊都不舒適，所以要繼續待著還是跳出去，取決於你的判斷及選擇，根據自身情況評估可以接受風險的程度，例如年齡及生活重擔越大，相對而言，付出的風險成本很可能就更大。

而我要建議讀者的是，「冒險不等於自殺」，跨出舒適圈的第一步是要了解現實，至少要做一定的調查功課，並做好會跌倒的心理準備，先打好預防針，就像運動員平時的訓練，也包括萬一摔倒時，要採取什麼樣的姿態減輕傷害。

話說回來，跳脫舒適圈也並非就一定得是轉職，或是創業這種大動作。我的課程中有設計一些活動，就是訓練學員必須跳脫舒適圈的舊思維，整組隊員才有闖關成功的機會。

為什麼需要適度脫離舒適圈呢？因為當你對生活感到缺乏熱情及活力時，需要藉由一些新的嘗試與刺激，來幫助自己獲得生活上的靈感與動力、減少負面情緒，也能在無形中加大面對突發改變的彈性。

想從千篇一律、習以為常的舒適圈中跨出來，可以從一些小改變著手，例如強迫自己提早半小時離開被窩去運動，把應酬、看電影等娛樂消費的錢拿去學東西，偶爾離開小小的舒適圈，一步一步地，去擁抱更大的世界吧。

冒險不等於自殺，跨出舒適圈的第一步是要了解現實，至少要做一定的調查功課，並做好會跌倒的心理準備，先打好預防針，就像運動員平時的訓練，也包括萬一摔倒時，要採取什麼樣的姿態減輕傷害。

要突圍，就得破除框架思考

我的另一個朋友沈剛，大學讀的是影像傳播學系，但是這個電玩小子自知，看影片跟真正從事影像媒體事業是兩碼事，何況讀書時也只求 all pass 的他，並沒有儲備足夠的專業知識及領悟，本身也沒有興趣及意願踏進這一行。

快要退伍之際，他偶然看到了一句話：「成功的關鍵，在於你和哪群人為伍。」

這句話在他心裡敲起警鐘，沈剛想到自己最常相處接觸的，竟然都是在網咖混的朋友，而他們包括他本身都不是以成為電競選手為目標，只是藉由遊戲逃避現實生活而已。

彷彿預見十年後依舊頹靡不振的自己，一語驚醒夢中人，沈剛終於正視自己的處境，是時候該好好思考前程了。

當時以他的條件，跟業務一般認知印象絲毫扯不上邊，因為他一沒口才，二欠缺人脈，三沒有工作經驗，四連外型打扮都很標準宅男：長瀏海蓋住眉毛，身穿夜市買的花襯衫、垮垮的牛仔褲。

可是沈剛破除框架思考，也不自我設限，覺得自己在外人面前比較害羞，與人溝通上不是那麼順暢無礙，就想從最弱的環節去加強，加上以年輕做資本，他不聚焦於風險障礙，而是更專注在機會上頭。

他應徵保險業務，逐一從外貌到心態再到能力，將自己由外而內易容變身，最終成為年輕有為的超級業務員。

沈剛回憶，在南山人壽新人訓練的第一天，有個經理對他說：「想成功，要學會為兩種人努力，一是不看好你的人，用最大努力，讓他們跌破眼鏡。二是看好你的人，盡最大力氣，不讓他們失望。」

想成功，要學會為兩種人努力，一是不看好你的人，用最大努力，讓他們跌破眼鏡。二是看好你的人，盡最大力氣，不讓他們失望。

沈剛說當時周遭幾乎都是懷疑、阻止他的聲浪，全世界只有兩個人看好他，一個是他的主管，就是帶他進南山的施宜仁（現為南山總監），一個就是他自己。

朋友不多，人脈不廣，該怎麼辦呢？在一開始時，他克服害羞的個性，以請店家幫忙問卷調查的方式，做陌生拜訪、陌生開發，逐漸跟店家博感情，培養自己的潛在客戶。

然後，他又想到了，可以將母親的人脈，轉化為自己的人脈。

「媽，我覺得要成為傑出的保險業務員之前，必須先做個孝順的孩子。」有天，沈剛突然跟母親這麼說。

「所以呢？」沈媽媽當然沒這麼天真，她以狐疑的眼光看向兒子，想搞清他葫蘆裡賣的是什麼藥。

沈剛繼續說道：「以前我把網咖當家、把家當旅館，現在洗心革面要當孝順兒子，從今天起，我會每個禮拜都到妳上班的郵局去關心妳。」

「少打我的主意！我不會幫你介紹客戶的。」沈媽媽馬上識破他的詭計。

儘管被母親當頭澆一桶冷水，沈剛仍擬定好戰略，開始施行每週「定期定額」的拜訪，他分析，週一是blue Monday，員工上班的心情普遍不好，週五又快要放假，大家情緒浮躁，所以他選定每週四為拜訪日。

待的時間長短也是門學問，怕待太久會惹人心煩，所以每次到母親工作的地方，他都大約待上十五分鐘。

一開始，不知道自己該做什麼，就傻楞楞站著，後來沈剛主動找事做，幫忙抽號碼牌，回答來客關於存錢、寄信該拿哪種表格、該到哪個窗口等業務的詢問。母親同事都打趣說沈剛是他們的「大廳經理」。

沈剛不是毫無頭緒漫天撒網，他先選定可能有收穫的海域，分析潮汐的規律（客戶心理）、選擇最適合的撒網時間點，因此提高了捕獲的機率。

沈剛的性格中還具備一項成功的特質，就是：堅持。老話說得好，天下無難事，只怕有心人。一滴小水滴沒力量，但一滴、兩滴、三滴……，只要堅持下去，水滴也能成為鑿子，足以穿石。

既然決定了，他就每週都持續一直去，有次他因生病缺席每週一會的拜訪，郵局同事還問沈媽媽：「妳兒子這週怎麼沒來？」

每週四的固定報到，在兩、三個月後出現成果，開始有人向他詢問保險的問題，接下來，他在郵局有了第一筆訂單，然後有一就有二、無三不成禮，母親的同事像是起了連鎖效應，一個個成為他的保戶。

堅持，產生了感動，他們想要鼓勵這個年輕人的堅持；堅持也產生了信賴，他們願意交付這個年輕人信任的保單。

客戶教會他的事

沈剛母親同事之中，有一位很特別，也很「鐵齒」的大哥，他對命理頗有研究，桌上總放一本很厚的易經，自稱會算命、能通天、知天命。

大哥早早算好自己的未來，說自己是「羅漢腳」，不會有老婆、小孩。

「生有時，死有時。我孤家寡人一個，生不帶來、死不帶去，根本不需要買保險。」

但大哥還是成了母親郵局同事之中，最後一位向沈剛買保單產品的保戶。理由也是被他的堅持打動，「看你每週都來，對待工作相當認真誠懇，我就當存錢跟你買吧！」

多年後的某一天，沈剛接到電話，沈媽媽來電詢問那位大哥後續有沒有正常繳保費。母親的話讓沈剛有了不好的預感，連忙問清楚發生了什麼事。

大哥才五十歲的年紀就提早辦理了退休，因為他得了肝癌。由於腫瘤太大，造成腹部疼痛難耐，他去醫院檢查，結果發現是難以治療的絕症。

知道自己來日無多，在沈剛與母親去探望前，大哥交代沈剛備妥理賠申請書等相關資料文件，來的時候交付給他妹妹。大哥的保單受益人是他妹妹，有點輕微的智能不足，無法正常工作。

沈剛回憶當時的情景，看妹妹簽完字後，大哥對沈剛淺淺一笑，他告訴沈剛，自己唯一的牽掛是妹妹，這筆百來萬元的保險金，雖然並不是很多，但可照顧到她往後生活，他現在內心很平靜，因為在人間的任務完成了，他很感謝沈剛幫他規劃那張保單。

大哥拒絕過很多保險業務員，只因沈剛的堅持，人又勤勞熱心，大哥被感動了才會跟他買保險，也幸好大哥的一個轉念，簽了這份保單，在他生病去世後，身後仍留有一筆錢可以幫助妹妹。

能做的卻沒做，徒留遺憾

不過跟這位大哥的故事不同，沈剛還是新進員工時，發生過一件至今仍讓他懊悔不已的憾事。

因為是菜鳥，主管剛開始培訓他時，要他先列出一份潛在可開發的保險客戶名單。他缺乏雄厚人脈，思來想去就是一些親戚、朋友、同學；有幾位大學同學雖然在沈剛的名單內，但他因臉皮太薄，遲遲不敢聯絡。

大二迷上online game以後，沈剛大部分的時間都泡在網咖，很少在校園出沒，上課看心情、看天氣、看老師會不會點名，社團活動、同學唱ＫＴＶ

或是看電影的邀約也很少去，跟大學同學的關係變得非常疏遠。

本來大一、大二時有一位交情還不錯的同學，就是因為這個原因，疏於聯繫、漸行漸遠。沈剛雖然很想找那位同學談談、敘敘舊，但想到很久沒有往來，一約見面就是講保險，肯定會被同學認為很現實功利，也怕同學拒絕，有失顏面，這些小聲音絆住了沈剛，一直沒敢去拜訪。

沈剛到南山人壽任職的第六個月，在騎車到公司的上班途中，手機突然響起，「你知道誰出事了嗎？」另一位大學同學急促的聲音從手機傳來。

通完電話，沈剛懷著難以置信的心情，走到便利商店，他直奔報架，抓起一份報紙，雙手微微顫抖地翻開報紙確認。

頭版刊登一則事故報導，白沙灣發生戲水意外，四名年輕人兩死兩失蹤。他看著新聞相片，認出失蹤的其中一人，就是自己一直想聯繫但又卻步的大學同學。

沈剛的心往下沉，無法相信眼中看到的，他怎樣也沒想到，認識的人會出現在報紙上的死傷新聞中。

失蹤的那位同學後來確認不幸死亡，幾名同學於輔大一間演講堂舉辦追思會，沈剛在追思會上為他彈奏品冠、光良的一首歌曲《朋友》，彈到一半，悲傷抑制不住，情緒潰堤，淚水奪眶。

周圍的人安慰沈剛，他吐露情緒失控的原因是源於自責。他非常懊惱，曾經想過要去找這位同學，卻總是找理由拖延，如今天人永隔，徒留遺憾。

沈剛回想起趕到殯議館時，同學父母在遺體旁悲痛萬分的模樣，那一幕畫面令人鼻酸不捨，刻在腦海難以忘懷。

人生哀痛莫過於白髮人送黑髮人，沈剛除了跟同學父母講一句「節哀順變」，什麼事都做不了。他非常愧疚，同學父母已退休，弟妹還背負著學貸，亡友是家中的重要經濟支柱，如果之前硬著頭皮與他聯繫，不去顧慮同學是否會覺得自己現實，或許今天的情況就有所不同。

那位同學是職場新鮮人，一個月薪水約三萬多元，若投保五百萬元意外險，每個月幾百元的保費，應負擔得起，假使當年鼓起勇氣在同學生前去找他，同學也願意投保意外險，現在他能給同學家人的，就不只是言語上的安慰，而是一張五百萬元的實質協助。

能做的卻沒做，連試都不試一下，沈剛認為自己很失職，從那天開始，沈剛就告訴自己，無論親疏遠近，不要擔心對方的想法，不要再有心理障礙，只要保單對他們是有利的，就嘗試讓對方了解。

英年早逝的大學同學及母親郵局的同事大哥，讓沈剛清楚認知所做的保險業務工作的重要性，他常跟公司業務新人耳提面命這個行業的使命感：「保險是幫別人規劃生老病死，不是以銷售為目的，而是真的可以助人。」

行銷的精神涵義

保險的宗旨及功能是希望達到生而自得、老有尊嚴、病而無憂、死而無憾的境界。而沈剛的遺憾，源於尚未體認到產品的內涵，不夠相信保險，也不夠深入了解保險的意義。

很多人問我，如何去行銷一個產品？對於行銷最重要的事情是什麼？關於實戰技巧，很多知名書籍、商業刊物都能綜合、彙整出解答，可是我想說的，可能會跟讀者期待聽到的，有所不同。

先問問自己為什麼要做行銷？常見的答案不外乎就是，「賺錢、曝光、打品牌」等等很多原因。我個人覺得，行銷真正的目的跟意義，必須賦予精神涵義：行銷，應該是一種「分享」。

如果只是想用產品去市場上換更多錢，基本上這商品不會賣得太好，因為你沒有賦予這個產品能量。

你對它的相信程度有多少？當你愈相信，就會愈急著想要分享出去，如果認為這個產品太棒了，一想到有很多人不知道這產品，真是一件可惜的事情，這一點，就會讓你產生動機去行銷。

打個比方，看了一部電影，假設這部電影很爛，你會不會急著去分享？應該會吐槽，但不會推薦朋友去看；反之，觸動到你的電影，當你覺得好好看的時候，見到每個人就會忍不住介紹他們也去看看，這就是「分享」，是一種正向能量的傳遞。

以我推廣布萊爾·辛格這個世界第一商業大師的心得來做一個驗證，我之所以會引進他的課程，並且使得布萊爾·辛格在此地紅起來，是因為我上完課後，被課程內容傳遞的社會使命感的觀點感召，我全然相信這個商品是對人有幫助的，所以可以很興奮地跟很多人分享，因為靈性上，我對這商品的信任，達到了表裡一致。

再舉個例子，假設你叫曾富貴，但我神祕兮兮地跟你說，你其實是你叔叔或姑姑或舅舅或阿姨的小孩，只是父母親從小沒有告訴你實情，所以你並不知道，結果是有沒有那百分之零點零零一的可能，你並不是你父母親生的曾富貴？你會不會懷疑、動搖信念了，原來我並不是我爸媽百分之百親生的曾富貴！

在市場上也是如此，一開始推出產品時信心滿滿，可是有人告訴你這個產品怎樣怎樣，一旦你開始動搖，這個東西基本就不會大賣，因為沒有到堅信的程度。當然，也不能盲目自信，有人會問，市場上充斥太多資訊、各類商品，如何去確認自己的相信不是一種錯誤的執著？

這就要培養市場敏感度、建立經驗值，以及大量獲取正確的資訊面、知識面，並從中智慧判讀、抓取真相，提高信念的層次。

富爸爸說：知識的落差就是財富的落差。你的知識要比別人新、比別人多、比別人正確！如果認為這個產品太棒了，一想到有很多人不知道這產品，真是一件可惜的事情，這一點，就會讓你產生動機去行銷。

多收集經驗值的點數，兌換成功的入場券

我年輕時也曾經犯過錯誤，在沒有充分了解產品及市場時，就一頭熱投入。

那是二、三十年前，我還在做沙龍產品業務的時候，當時月收入五萬元左右，離夢想中的有錢人生還差得遠，所以滿腦子想的都是如何可以賺更多錢。

因為勤於拜訪，我跟許多顧客變成好麻吉。有一天，去拜訪一個店家，和店東坐在門口聊天時，有個年輕小夥子從貨車上扛了一大袋的麻布袋，跑進店裡「碰！」丟到櫃檯前，總共搬了三大袋，裡頭裝著的是沙龍送洗的毛巾。

這給了我靈感，毛巾洗完，烘乾就好了，技術門檻很低。向老闆打聽配合方式及價錢，「包月三萬元，月結。」我開始盤算，如果我的客戶中只要拿下二十家店，每個月就多出六十萬了。

我就跟沙龍店的老闆說想要幫他們洗毛巾。「別開玩笑了，洗這個很累的，一年三百六十五天沒有休息。」我向他們拍胸脯保證，自己很耐操，不需要休息。但是，沒一個老闆願意，因為擔心我做不到，他們又得回頭去麻煩原先配合的業者。

山不轉路轉，我想起行銷學裡眾所皆知的「差異化」，由於曾經在化工廠待過，我就去台北很有名的天水路，買了一些法國進口的香精回來自行調配。

「老闆，你想不想幫顧客披上毛巾的時候，會飄出淡淡的香味，而且不用加錢喔！」這個新穎的點子幫我招徠了客戶，有老闆答應先讓我試著洗幾間店。

卻沒想到，第一筆生意來的時候，竟也是第一個噩夢的開始。

工欲善其事，必先利其器，我買了當時最好的、美國進口的洗衣機三台，還有烘衣機兩台。但是要去載毛巾回來時，第一個問題出現了，平常我都是騎摩托車，根本運不回三大袋，只好跟家人借轎車。

到現在我想起那個畫面還是覺得很滑稽，因為裝滿毛巾的麻布袋太大了，後車廂塞不下，車蓋無法闔緊，就這麼一路開口笑、搖搖晃晃地開回家。

臭醺醺的毛巾在我眼中是一桶金，將一袋毛巾裝入一台洗衣機，想著一個蘿蔔一個坑，剛剛好。可是毛巾太多，浸水以後馬達根本打不動，只好又撈出來分次洗。每台先洗四分之一袋，就得耗去兩小時，心想不妙，全部洗完得多久。

我快速做了一個決定，部分毛巾用洗衣機，其餘倒入浴缸用手抓洗。但等到全部洗完要烘乾的時候，問題又來了，烘衣機一次只能烘十幾條，而且要一兩個小時才能將水分完全烘乾，排隊等著被烘的毛巾卻有幾百條。

就這樣，光是一間店的毛巾，從下午五點多收回來，洗加烘乾整個完成，已經忙到隔天早上八、九點。一整晚沒睡，只為搞妥這三袋毛巾，絕對行不通。

我去請教那個年輕人，在知道我買的洗衣機牌子之後，他說：「家用的不行啦，轉速太慢，脫水力不夠強，毛巾含水量高，當然就要烘很久。必須用工業用那種，才夠力啦。」

透過他的介紹，我買了工業用的洗衣機及一台大的脫水機，速度真的差了六、七倍以上。但是，問題接踵而至，工業用機器太大，家裡放不下，所以我就去租了一個廠房。顧客量愈來愈多，我又添購了幾台工業用洗衣機跟脫水烘乾機，並且買了一台貨車更方便載貨。

現在生財工具一應俱全，應該沒問題了吧。過了一、兩個禮拜之後，我發現不太對勁，要彎下腰把這麼重的毛巾拿起來，我的腰已經受不了，快斷掉了，再做下去的話可能小命不保，我又去請教，誰知那年輕人卻說，「因為你那是半自動的，現在沒人這樣做了啦，我們都用全自動的。」最後我又投資將近七十萬，買了一台大型的全自動脫水洗衣機，但顧客量並沒有因此增加，回收利潤的時間得拉長。

只顧著做春秋大夢，沒有做好功課就貿然進場，連詢問的「專家」也不太牢靠，難怪我得花上加倍的學費，來上這堂心情洗脫烘的課。

在谷底也不低頭

幼年時期我已在腦裡強烈植入「要變有錢人」的指令，工作之後曾經有好多年，成功與財富對我來說，就像寓言故事中掛在驢子前的胡蘿蔔，驅動著我像驢子一樣不斷不斷拉著石磨，追逐胡蘿蔔而不可得。

我非常熱衷工作及賺錢，因為經驗累積加上跑得勤，業績獎金逐步翻倍增長，每一天都彷彿可以聽到錢幣噹噹噹落袋的美妙聲音。接收太多同事羨慕的眼光，聽見太多吹捧的讚美詞，人就像氣球，飄飄然飛了起來。

我常講成長曲線，業績往上爬的過程就像爬山，當海拔愈高，氣壓就低，氣壓低，東西會稍微膨脹，我變得大頭症上身，驕傲自滿不可一世。

有了錢開始胡亂投資，別人說投資什麼有賺頭，我就砸錢編織發財夢，鬼迷心竅愈玩愈大。老闆曾經苦口婆心勸誡，但是我關閉耳朵、鎖上鑰匙，還把鑰匙丟了，根本聽不進任何人的建議。

賠了錢，我心急投入更多資金想賺回來，最終投資槓桿失衡，負債六百多萬。

從雲端墜落谷底，一窮二白，我只能跟別人租一間頂樓加蓋的小套房，那是間冬冷夏熱、通風效果非常好的鐵皮屋，風會從四面八方的縫隙中灌進來。

沒有床可以睡，就躺地板，沒有廚房，炊煮東西用的是簡易的卡式爐，我的財產只剩下一堆書。

當時我很喜歡甘道夫博士所寫的《態度——銷售致富的十大習慣》，我在廁所放一本、客廳放一本、餐桌上也放一本，走到哪裡都有，讓自己隨處能看到。

為什麼這麼喜歡這本書？因為想盡快還清債務，我每天大約只睡兩、三個小時、工作十六個小時。看到書中甘道夫四點就出門做保險，到公園獨占銀髮族的市場，他像個模範，激勵人心，甘道夫可以做得到，我有什麼理由不能呢。「鬆懈」很容易入侵人們的思想，看到別人拚搏的模樣，是最好的提醒。

不過長期沒日沒夜工作，身體負荷不了，有一天早上起床，覺得我的眼睛正在下雨，那種感覺就好像坐在車子內，傾盆大雨落在車窗玻璃，雨刷再怎麼刷都刷不清楚，視線就是透不出去，只依稀看見遠處的微光。

我嚇壞了，趕忙摸索著到醫院就診。醫師說是水晶體破了一個洞，裡頭的液體往外流，幸好沒有延遲就醫，否則有失明之虞。病因很難確定，通常是壓力過大而引發。休養一段日子後，眼睛逐漸康復，但視力大不如前。

不過，雖然身處人生的谷底，我並沒有自怨自艾，保持著樂觀的信念，心想，最慘的狀況就是這樣了，有什麼過不去的呢，而且這段度過低潮的經驗，還可以成為我自己的教材案例，在講台上分享給別人，因此，我接受也享受著當下的狀態。

「了了賺」，累積虧本的經驗

不管是負債的經歷，洗毛巾的事業，或是開設教育訓練公司的種種，對我而言，都是歷練的積累。不要怕磨，有時候當下的辛苦滴汗，會在日後結出甜美的果實。

比如我當兵退伍後，回原公司跑美髮品的業務，當時有一個業務經理會「撥顧客」，假設有十家美髮沙龍店，每一家店可收的產值每個月有十萬，十家就是一百萬；可是因為我是菜鳥，他分配給我的不是固定的十家客戶，而是四十幾家分散在汐止、南港、基隆等等地區的顧客。

經理或許有私心，但我也沒想太多，有工作就做，即使比較吃重。我每天騎機車奔波在各客戶之間，相對而言是比較辛苦，但是，很累或很輕鬆，你選哪一個？

可能有人會覺得傻瓜才選擇累。但是，神奇的事情發生了。僅僅三個月之後，從經驗值來講，由於經理永遠面對同樣的顧客，而我面對的是五十種不同的人格特質，挑戰與抗拒點都艱難許多，經驗值因此更快速增長。

掌握攻克客戶心理的經驗值之後，效果就化為數字展現在業績上，沒多久，那位經理因為業績不是太好看，覺得難堪而自動離職了。

所以誰笨？做生意要避免「聰明反被聰明誤」，接受才有辦法享受，愈是決策者、主事者，或是第一線面對問題的人，碰到挫折的次數愈多、遇到挑戰的量體愈大，也就愈能應變，在大雨來之前，先準備好傘。

台語有句話叫「了了賺」，虧一些、賺一些，有了一些虧本的經驗，當遇到機會的時候，就有一些經驗值可以知道怎麼趨吉避凶、避免重蹈覆轍。

「鬆懈」很容易入侵人們的思想，看到別人拚搏的模樣，是最好的提醒。

不要怕開開關關的人生

許漢宗在三十歲之前，就是一直在累積失敗的經驗值，為後來的成功鋪路。

服兵役之前，因為老闆的左右手及店裡優秀的美髮師帶走整批客人、員工，另外開店，「蜀中無大將」的情況下，前老闆升他當主管，他才較為深入了解美髮業的經營管理。

退伍後，漢宗跟我一樣，又回到老東家工作，但店的規模已大不如前；重情重義的漢宗不惜跟別人借錢來幫老闆，很遺憾的是，店的營收每況愈下，前老闆最後跳票，人也跑掉，漢宗為老闆保人，遭到部分設備資材廠商到法院提告，因此跑了幾次法院，也得背負部分債務。

才二十三歲就承接老東家債務，聽起來抗壓性似乎很高，漢宗卻說，他那時候的性格逃避且懦弱，很怕被拒絕、被人責怪，擔心與人多說幾句話，會讓人覺得他有求於人，所以就默默一肩扛起。

老東家的店除了漢宗，還有兩位設計師，一位後來變成他太太，另一位就是他的小姨子；他本想繼續經營，但老闆債主經常上門，不堪其擾只能收掉。

漢宗另覓出處，曾經到其他美髮沙龍工作，但是沒遇上理念合拍的老闆，最後只好勉為其難自己創業。

一開始，漢宗聽從父親的建議，找店租便宜的巷弄開店。為了省錢，沒考慮到做生意的帝王法則：有人潮才有錢潮。新開的店面缺少客源，生意慘淡，加上時運不濟，開張沒多久，政府就規定騎車要戴安全帽，頭髮吹得再漂亮，也會被安全帽壓扁，很多美容院生意都受到影響。

本來就負債，開店資金又是跟準丈母娘借來的，壓力很大，其實開張半年他就想過要放棄，可是一直猶豫不決，拖了兩年才收起來。

當時為了「養店」，漢宗白天到大姐的泡沫紅茶攤幫忙，晚上去夜市擺攤。當時賣冷飲比開美容院好賺，假日一天就有二、三萬元收入，美髮沙龍開店成本高，一天收入常常不到一萬元，扣除開銷，等於做白工。

賣了一年多的冷飲，一位老顧客有天突然提到，他有個在台北小林髮廊工作的女兒想返鄉，問漢宗是否有意願一起合作開店。

當年台南的美髮同業都很嚮往台北美容沙龍的時髦形象，漢宗大喜，打消往後只擺攤做生意的夜市人生規劃，重燃希望，認為這位外號叫草莓、台北來的設計師會是他美髮事業的救世主。

漢宗向姐姐借了開店資金，另外找了台南市中心十多坪店面，做為與草莓合作的據點，第一家店則交由女朋友（後來的太太）經營。

對於這位事業合作新夥伴，雙方只有在開店前通過一次電話，從沒見過面，直到開幕那天，他才第一次見到她。草莓外形並不出色，而且體型相當福泰，形象似乎無法與時髦的美容行業連結。

漢宗清楚記得，開幕當日只進來八位客人，做了六百多元的業績。更令他傻眼的，草莓第二天就不來上班了。

回想起當天，他記得自己忍不住在電話中哽咽，女朋友很體諒，馬上答應到新店來幫他，將第一家店轉交給他的小姨子和其他設計師經營。

漢宗在開店上犯的錯誤，第一個是省租金卻也省掉客人，第二個是陷入「台北=時髦」的迷思，與未曾謀面的人合作，過於草率莽撞。

突破慣例，用創意發酵生意

以前那個年代，美髮業很少會透過媒體或是廣告行銷手法宣傳，在連鎖店工作時，老闆經常會準備一些促銷的紅布條，寫著「高貴不貴」、「流行萬歲」等的標語吸引客人注意。

漢宗就是那個常幫老闆掛紅布條的人，他覺得老闆的想法、做法很新鮮，跟一般美容院不同，也常常揣想老闆為何如此做。

創業初期，漢宗經營兩家店，月營業收入總共約三十萬元，但光房租就要十多萬元，加上人員薪資、美髮產品、設備，每個月幾乎入不敷出。他深感不能再這樣下去了，效法連鎖店老闆的思維，積極尋思可以讓生意好轉的方法。

那一年的農曆過年，是漢宗人生中難以忘懷的日子，他突破美容院農曆過年不開店的慣例，此例一打破，成為事業上重要的轉捩點。

以前美髮行業在農曆過年都會休假，消費者常在過年期間找不到設計師吹整頭髮，有些人春遊訪客，得靠自己打理，不少平日只在美髮沙龍吹整頭髮的貴婦，每年都有大過年找不到店家開張的煩惱。

漢宗想到了這一點，跟還是女朋友的太太商量，請她在農曆過年期間跟他一起開店做生意，以吸引平常不到店裡消費的客人，來試試他們的手藝。

那幾天果然來了一些從不曾光顧他們生意的客人，兩人很克難，也忙得很開心，他洗頭、他太太吹髮造型，分工合作，這些以前觸及不到的客人，有的後來還成為他們的常客。

窮則變，變則通，這意想不到的效果強化了漢宗的信心，他結束巷弄那間店，專心經營第二家店，開始增加曝光宣傳，發面紙、做促銷活動，並且強調服務，提高顧客滿意度。生意漸有起色，每個月單店可以做到月收入四、五十萬元，坪效甚佳，財富也逐漸由負數轉為正數。

成功不求速成

人生不如意之事十有八九，沒有失敗，說明你不夠努力，關鍵在於當你受到挫折、卡在困境中時，該用什麼樣的心態去面對。

難過、失望、抱怨，種種負面的情緒都很正常，但不要陷入沉浸在這樣的低氣壓太久。學著遇到就感謝，感謝老天爺給我這樣的經驗，這個經驗處理好之後，下一個我就得心應手。

成功不必求速成，像漢宗在事業起飛之前，也是有些笨拙地在學飛，但起步晚，未必就不能飛得比人高。

我發現，有些業務過於心急，想要能馬上得到大批訂單的速成方法。這並沒有不對，但是因為嫌慢，認為一個小時只能拜訪一個客戶，網路上同樣時間已經可以有多少人搜尋，就覺得不必那麼辛苦一直去拜訪顧客，這個想法倒是有討論的空間。

與時俱進，善用新科技、新平台，是必須的學習。可是工具固然重要，「人味」也很重要，假設我一年拜訪了一、兩千個顧客，只要這一、兩千個顧客之中有一個或兩個是很頂尖的3A級顧客，我的階梯就等於往上了一層，看到的機會視野也會更高更廣更遠。透過笨方法存下的人脈，黏著度或許更緊密，就像沈剛在母親工作地點紮營式的深耕。

也看過很多公司，過去默默無名，可能十年、二十年沒人聽過這家公司，突然上市上櫃或成為市場霸主。表面上看來是因為抓住了趨勢，時勢造英雄，可是在我們不知道的背後，人家可能已經扎根扎了十幾年。馬步蹲穩，戒急戒躁。

與時俱進，善用新科技、新平台，是必須的學習；可是工具固然重要，「人味」也很重要。

幸福・財富

一次拚出來的簡單實用法則（二）

你只要跟我一起改變原有的「負面信念系統」

信念1：你是想玩「要贏」或「不要輸」的遊戲？結果大不同

自己的標準有多高，成就就有多高！意圖很重要，同時必須容許要給自己一次又一次的機會，例如：我們看見小孩學走路時跌倒，你不會立刻扶他起來並衝去醫院買輪椅給他坐，並要求他一輩子不准再下來走路，就因為怕他再跌倒！但我們並沒有這樣對待自己、給自己更多機會，反而好像只要沒做到，就開始否定自己，不再冒險、不再前進了！

信念2：勇氣就是在恐懼中多撐一分鐘

選一件你從現在開始要堅持三個月的事情，持續做，並堅持到底！

例如：我記得以前在上班的時候，有一天，一大早我們正在開早會，突然辦公室裡出現一位年輕人帶著滿口白牙、笑嘻嘻地站在總機櫃檯前。我看到的畫面是，他很熱情地想要推銷能夠幫我們公司清潔電話話筒的服務，總機小姐很有禮貌地請年輕人離開了，表示我們真的沒有需要。

第二天早上，我看到那位年輕人又來了，一樣滿口白牙笑嘻嘻地，再次向總機小姐表達希望可以服務我們公司，總機小姐就有點不太高興地說：「昨天不是已經跟你講了我們不需要！真的不需要！先生，請你不要再來了！」年輕人便很有禮貌地離開了。

結果，第三天早上，這位年輕人又來了，用熱情、滿口白牙笑嘻嘻地說他們的服務有多好，可以讓我們的話筒變得很乾淨，使我們更健康；這時候我們總機小姐真的就很不高興，告訴年輕人：「先生！你是真的聽不懂嗎？我已經跟你說過我們公司真的不需要，你不要再到我們公司來打擾我們了！」非常嚴厲地拒絕了年輕人；年輕人也沒說什麼，就說：「好吧！」先離開了。

第四天早上，一樣年輕人又出現了，一樣笑嘻嘻地說他可以提供我們清潔話筒的服務，這時候總機小姐真的快抓狂，脾氣已經上到了極點，說：「你這傢伙到底幹什麼！我說我們公司不需要，你到底聽不聽得懂人話？」使用許多不舒服的話語拒絕年輕人。這時候，我們有一個業務主管看到之後說：「停停停！這年輕人我已經連續看了四天了，我覺得他的毅力很不可思議，而且很有熱情，」覺得被年輕人的堅持感動到，便讓年輕人進來聊，就因為這樣子，年輕人接到我們公司這筆訂單。

這告訴我們什麼？什麼叫做勇氣、什麼叫做勇敢？勇氣就是在恐懼中多撐一分鐘！年輕人三番兩次的拜訪，那個畫面讓我印象非常深刻，年輕人可以接到這筆生意，真的非常不可思議；那個畫面是每當我被客戶拒絕時，很重要的一個標竿。

練習 讓「愛」雞婆一點！

①開始起身做「創造別人價值」的事，例如：鼓勵身邊的人戒菸、瘦身運動或做親密關係的突破，多做一點有挑戰、卻有價值的事！

②每天「多十分鐘」對父母、另一半或小孩噓寒問暖、關懷。

Part 3

跌倒、後退，是為了跳得更高、更遠

台語有句話：「打斷手骨顛倒勇」，被打敗當然痛，但不能辜負這個過程，痛也要痛得有意義，三折肱成良醫，量變形成質變，用無數失敗經驗淬鍊成功，愈挫，愈要知道什麼叫做勇。

★驕傲在敗壞以先，狂心在跌倒之前。（箴言16：18）

★be（成為）還必須伴隨著do（行為），沒有去行動，就很容易遺忘或是暫時性失憶，忘了自己想成為（be）的目標。

★潛意識覺得十萬元就夠了，沒有足夠強悍的信念想去擁有更多財富，多的錢也會長腳從你身邊溜走。

★如果連自己也不相信自己，消極負面的想法就會像個大食怪把你吞下肚，讓你一事無成，變得更為匱乏。

★弄清楚過去為自己心田種下了什麼樣的種子，對往後人生會有很大幫助。

剛開始學騎腳踏車，未領略騎行技巧前，失去平衡而跌得瘀青擦傷，是很多人都經歷過的吧。然而一旦學會，就再也不會發生摔倒事故了嗎？很難說！甚至可能跌得更嚴重。

為什麼？因為當不熟練的時候，基於保護自己的本能，行動會格外小心翼翼，好避免身體失去重心，重重吻上地板。

可是，一旦掌握要領，覺得游刃有餘了，腳下踩的速度不禁愈來愈快，一路上意氣風發、風馳電掣，轉彎也不減速，車流中也隨性穿梭，過於自信，失去對周圍變化的警覺性，結果就可能導致大摔車的悲劇，跌得鼻青臉腫、頭破血流。

我與書中的三位主角，都曾在淺嘗成功的滋味時，志得意滿、不可一世，然後「碰」的一聲，又被打回原形！

我們的人生很像在參加一場摔角大賽，不斷跟一位叫做「失敗」的對手角力，好幾次被它從高處摔拋，壓制在地，但我們即使被打得像豬頭，終究還是站了起來。

台語有句話：「打斷手骨顛倒勇」，被打敗當然痛，但不能辜負這個過程，痛也要痛得有意義，三折肱成良醫，量變形成質變，用無數失敗經驗淬鍊成功，愈挫，愈要知道什麼叫做勇。

只要站得起來，跌倒不要緊；只要不逃跑，後退沒關係，小朋友玩的迴力車要往後拉才會往前奔，三級跳遠為何比立定跳遠可以跳得更高、更遠，就是多了後退的距離，讓助跑產生作用力。

如果你剛好處在低潮或是覺得人生霧茫茫找不到方向，希望這本書能成為鏡子，提供鏡面思維，從中得到一絲激勵與勇氣、靈感與啟發。

能卓越，何必屈就平庸

沈剛在職場快速崛起，短短三年就晉升區經理，年輕新貴，前景一片看好。但隨之而來的局勢變化，讓他險些成為棄甲逃兵。

二〇〇八年美國次級房貸危機的骨牌效應，引發全球金融海嘯，國際災情哀鴻遍野，銀行倒閉、公司工廠關閉或裁員，許多人遭逢失業變故，沈剛也在這場金融海嘯中受到波及。

當時南山人壽的母公司還是國外金控集團AIG，推出不少投資型保單產品，但在市場投資氣氛低迷的影響下，績效很不理想，屋漏偏逢連夜雨，沈剛帶領的團隊又遭遇人才嚴重流失，從四十多人腰斬近一半，「在南山要帶進一個人都很難，何況一下子流失一半的人。」沈剛說。

升上區經理後，公司經常安排他內部講課，向同仁分享迅速達成業績的經驗，本來他也準備要從區經理再跳升，成立通訊處。但內部人才流失，加上來自客戶端的外部壓力，保單連結的基金慘跌，讓他難以面對客戶難看的臉色，內外交迫，沈剛好似置身於壓力鍋，隨時會炸開。

沈剛回想那段日子的心情起伏，一開始覺得錯愕，緊接著感到挫折，然後就開始抱怨，怪罪命運居然讓他遇到號稱百年難得一見的金融海嘯，怨恨老天爺讓他腹背受敵，負面能量如同蠶兒吐絲，慢慢纏繞束縛住自己。

那一年沈剛已經結婚搬離父母家，但每週都會回家一次與父母吃飯，以往對於家人他一向報喜不報憂，但低潮了數個月，他已經無法戴上一切安好的面具，假裝風調雨順、萬事如意。

沈剛很擔心打亂未來計畫，從區經理到成立通訊處的進階之路，會不會從觸手可及變得遙不可及。

他向母親老實坦承工作上的煩惱及危機，沈媽媽安慰他：「這煩惱很好解決，不要成立通訊處不就得了？現在這樣也很好啊。」

原意是想化解兒子煩憂，可是母親的話非但沒紓解沈剛的鬱悶，反而讓他更不開心，發了頓小脾氣。

沈媽媽也不高興了，對他說：「我們是基督徒，基督徒要忙天上的事，不是忙地上的事，你現在都在為地上的事煩惱，主不會祝福你的。」

這段話猶如火上澆油，引爆沈剛熊熊怒火，「三年！這三年內我如果沒有成立通訊處，就離開南山！」

沈剛負氣離開父母家，回到住處，沒有開燈，一個人坐在黑漆漆的客廳裡，他對自己說：「夠了吧沈剛！這幾個月的低潮，該到今天為止了吧。」

剛才對母親態度如此激烈，他有些後悔，不該情緒失控。一直糾結的問題再度冒了出來，到底想不想成立通訊處？還是如母親說的，當個區經理就滿足了？

他自問：「沈剛，你能接受自己做區經理一直做到六十歲退休嗎？」

「不能！我要實現我當初的目標與理想。」

對！他不甘於人生只是這樣，不想以平庸總結職場生涯，更不想將過去的努力及成績化為烏有，留下遺憾。

「那就往前走，別再兜圈子，別再怨天尤人。」

砍掉重練、重啟勝場

沈剛年輕時沉迷線上遊戲，只要遊戲玩壞了，角色能力值不突出、等級升不上去，他就「砍掉帳號重練」。經過徹底醒悟後，沈剛決定也將事業砍掉重練，把自己當做第一天進保險業，重新格式化，要找回新人的緊張感及積極性。

那時他正好來我公司上課，因為教練及同學都是富有企圖心、積極想爭取幸福及財富的一群人，在這樣的同儕影響及帶動下，他力圖振作，訂定了未來三年的目標及行動計畫。

沈剛回憶，金融海嘯時期流行一句話，「巴菲特說過：『退潮的時候，才知道誰在裸泳。』」長達三、四個月，他業績處於低潮，心情指數也與業績呈正比，他不斷自我質疑：「我是不是不適合當主管？不適合帶人？」、「我適合做保險嗎？難道選錯職業了？」他甚至評估起如果放棄這份工作，出去擺攤賣雞排需要多少資金。

但與母親的一席對話，激發了沈剛性格中不服輸的活性因子，他不甘於滿足現狀，無法接受失去鬥志的自己，於是，他重回船長室掌好舵，將遭受金融海嘯狂風暴雨襲擊，差點翻覆的事業船艦穩定下來。

透過課程訓練，他也開始檢討，儘管不可抗的金融海嘯造成大環境不佳，工作業務不容易開展，但依然有人能賺錢或是因此成長啊，他一直怪罪全球經濟形勢、抱怨公司銷售投資型商品，卻沒有反省自己有沒有問題，需不需要調整。

聖經說：「驕傲在敗壞以先，狂心在跌倒之前。」他過去事業發展太過順遂，讓他以為保險事業很簡單，三年可以升區經理，可能再一、兩年就可成立通訊處，認為成功與財富不過是信手捻來的小蛋糕（a piece of cake），大頭症導致頭重腳輕，難怪一遇阻礙就跌個狗吃屎。

過去對客戶勤勞周到的服務，以及快速行動力都大大減少與減緩，沈剛自省，本來他的團隊早埋有問題，冰凍三尺非一日之寒，只是遇到金融海嘯，一下就兵敗如山倒。

沈剛的妻子也是他的同事，夫妻一路一起從事保險業務工作，「其實我妻子很早前就提醒我不要太驕傲，應該要更務實地去服務客戶，但我沒有聽勸，一意孤行。」

迷失在驕傲的海洋之中，直到迎面打來一個大浪，讓他差點栽跟頭後，才有所領悟、發現自己的盲區，原來自己在人才培育方面，不論選才、訓練、輔導、績效管理都有許多不足。

因驕傲產生鬆懈，因鬆懈必須付出代價。

他重振旗鼓，學會謙卑，現在很多人都說，在沈剛身上看到了「謙卑」的特質。沈剛謙虛表示，「如果在別人眼中看到我有一點點謙卑的模樣，這是來自金融海嘯期間學習到的沉痛教訓。」

他回到以往非常忙碌卻很充實的時刻，把自己當新人一樣戰戰兢兢、積極爭取最佳表現。

二〇〇九到二〇一一年，沈剛業績開始逐年穩步成長；二〇一一年年底，皇天不負苦心人，在他給自己的期限內，終於達到公司要求的標準，成立了通訊處；四年後，沈剛所帶領的團隊業績年成長三成以上。

be與do同等重要

郭台銘常以一句軍事用詞勉勵下屬：「成功的人找方法，失敗的人找理由。」

沈剛在面對金融海嘯引發的事業危機時，首先用的是「怪天、怪地，就是不怪自己」的逃避途徑，將責任歸咎他方並不能幫助自己從泥潭中脫身，只是拿泥巴糊住自己的耳目罷了。當時公司有三萬多位保險業務員，通訊處處經理才只有三百人，等於一百人只有一位能升上通訊處處經理位置，從進公司起，沈剛一直想要成為（be）這個位置的人。

但是腦袋不光是用來記東西，也常被用來「忘記」，就像讀書時被強迫背唐詩三百首，現在記不記得？忘得差不多了吧，因為記憶及心思有限，當腦袋被塞進更多事情，不管是雜事、瑣事或是讓人迷失上癮的事，就會忘了初心。

例如沈剛先是沉迷於「I am the king of the world」的自大感，才二十七歲就在台北市買房，花兩百萬元買了一部進口轎跑車犒賞自己，經常開著這部戰車四處做內訓，演講邀約不斷，每個月至少六到八場，最遠南到墾丁。當時自以為最會賣保單，即使外表沒彰顯出來，但內心傲慢得很。

這種驕傲卻好似紙老虎，遇到困難一戳就破，他的腦袋又變成塞滿各種負面情緒的垃圾，讓他忘了曾經想要變得卓越，那個積極又純粹的自己。

幸好關鍵時刻與親人的對話，觸發他的開關，想做給母親大人看的決心、體悟到親愛妻子相勸的苦心，加上受到教練與同學砥礪刺激的上進心，三心齊發力，讓被驕傲麻痺的沈剛清醒過來，回過頭從自己身上找原因，線頭找到了，打結混亂的線團也就因此梳開了。

時時檢視心態，莫忘初衷；be還必須伴隨著do，沒有去行動，就很容易遺忘或是暫時性失憶，忘了自己想成為（be）的目標。

我常舉例子，你腦袋裡面有個想法be，可是什麼都沒發生過，所以必須要讓be成為進行式，being才會存在；但是為什麼有些人的being是有力量的，有些人的being卻沒有呢？這是因為力量是透過你的行動去呈現及獲得。

再以學習騎腳踏車舉例，用腦袋學騎車，就能學得平衡感嗎？不會。平衡感怎麼來的？是從摔倒中得來的，總是要跌倒幾次，有痛的感覺才知道，慢慢去找到平衡感，而這種掌控的力道也會被身體牢牢記住。

還要檢視你的do是不是有效的do，千萬別讓自己像一隻在滾輪中跑步的倉鼠，自以為在前進，結果只是在原地繞圈圈。

檢視你的do是不是有效的do，千萬別讓自己像一隻在滾輪中跑步的倉鼠，自以為在前進，結果只是在原地繞圈圈。

不進則退，別等到被追過

哥倆好的沈剛與劉嘉海，一個是保險業務人才，一個為房地產行銷高手，從事的都是對市場景氣風向球感受特別深的產業。

從與人合夥管理四家店面，到獨立經營一家門市後，嘉海進行不同的策略運作，訓練一批專業人才，並將銷售產品擴及店面、廠房、土地買賣。

憑藉專業知識、數字精算，以及投入更多資源，打入與金主、地主、建商、仲介更深的交際網，賺取專業財、資金財；由於門檻較高，有好幾年他的店面業績在當地很難有對手超越。

但是，歷經四合一的過程，他變得更謹慎；動機變小、目標縮小，他為自己設定的財富溫度計也因此降低了。

財富溫度計是哈福・艾克（T.Harv Eker）提出的，我簡單做個比喻，每一個人的內心都有財富溫度計，可以想像成房間的空調，有人怕冷，有人怕熱，設定的溫度因人而異，而財富溫度計的調高或調低，會於無形中影響、甚至限制你的財富上限。

比如有一些人常說：「我每個月要繳房貸、小孩子學費、生活雜支等，開銷至少十萬元，所以一定要賺十萬元才可以打平。」很神奇的是，他的「財富溫度計」大概就維持在這個金額上下，因為績效一旦達到或超過了預定值，內心狀態很容易滿足放鬆；績效太低時又會不舒服想拉高，拚一下，最終平均值大概就維持他心裡面所設定的十萬元。

能更有錢，為什麼不？我相信多數人都想把財富溫度計往上調，可是那是你的腦袋（左腦）這麼想，但是你的靈魂、靈性，根本不相信、不想讓自己想要變得更多，潛意識覺得十萬元就夠了，沒有足夠強悍的信念想去擁有更多財富，多的錢也會長腳從你身邊溜走。

嘉海就是如此，從績效獎金拿第一接受表揚，到被同業追過一圈還慢條斯理毫無察覺，秉持著舊思維的慣性做法，直到被追過兩圈了才驚覺，自己無論是對績效業績或是人才訓練都跟不上當前觀念，被遠拋在後了。

「那時候我覺得能達到一千萬的績效目標已經足夠多，認為同業設定的七、八千萬是在吹牛，後知後覺才發現是我大錯特錯。」

他反省自己並不是一直都那麼績優，不過是自我感覺良好罷了。

安逸造成了思想與進步空間的龜速，二〇〇九、二〇一〇年起，他決定急起直追，逐步拓展至四家門市。

心跟不上，就別妄想進步

「但是，其實我心裡是還沒準備好的，也沒認真審視市場的轉變，依然沿用過去的致勝法則，我一心只想要快點往前衝，卻沒顧慮到現實環境。」

歷史總是驚人的相似，曾經因為對政策法令的冷感，讓他的事業版圖因應不及而縮水，這一次硬逼自己展店的結果，又一次重蹈覆轍。

原本是投資客支撐三分之二的市場，在二〇一一年六月一日奢侈稅開始上路，二〇一二年八月一日實行實價登錄，以及後續一連串的打房政策後，造成投資客逐漸偃旗息鼓、休兵退場，他又陸續收店。

「我記得二〇一一年二月才剛租下一家店面，壓根沒料到不規則的市場會因稅制產生這麼大的變化。」嘉海坦言。

中信全省精英會每個月會舉辦交流活動，有次我受邀舉行一場講座，嘉海正是在座觀眾之一。

他後來對我說：「當下聽完黃老師的演講，就有感覺自己需要這方面的進修，但當時要不是因為很多店東都報名了，為了面子問題，輸人不輸陣我才跟著報，其實內心還在計算要不要花這個時間，就一直拖著沒去上課。」

他的員工倒是比他還更早來，上完短短三天的執行動力課程，嘉海發現該名員工與人互動的感覺都變了，基於好奇，他才主動來報到，那三天在課堂上協助老師的學長剛好是他一位認識十幾年的代書朋友，原以為會放水，誰知道被用更高標準對待。

「上完課我整個人像被雷劈到，受到很大的衝擊，原來，一向誇口自己一諾千金，其實只不過是選擇性承諾，連簡單就可以做到的小事也不見得有去完成。」嘉海發現心中以為的自己，與別人看見的自己居然相差甚遠。

此外，教練要求學員回家後必須與家人、朋友進行一些互動，這也令他感受到「愛要及時」的重要。

嘉海的母親正好在那陣子發現罹患胰臟癌，割除病灶後回家休養，家人不敢讓母親知道實情，只以一般疾病來塘塞。

從小母親最疼他，但男兒志在四方，嘉海多年來勤耕於職場，陪伴她老人家的時間很有限。

「那年我改變很多，經常抽空回去看媽媽，我會特地買她愛吃的食物，一邊看著她吃，一邊跟她聊家常。」

本來隨著他長大以及事業上的成功，母親愈來愈依賴他，但在母親心中巨大的嘉海，那時候卻變得像小孩子一樣，經常跟她撒嬌。

「我能察覺得到媽媽很喜歡我這樣的變化，以前她怕會打擾我工作，很少打電話給我，但那段時間要是我幾天沒回去，媽媽就會打來問：『阿海，何時要回來啊？』」

一年後，二〇一四年嘉海的母親因癌細胞擴散住進醫院，那時候他正在上進階 Eagle 大師領袖課程。

「那三個月是我人生最煎熬的日子，醫院、職場、課堂三頭燒，我想著不去上課了，但母親鼓勵我，『去上你喜歡的課程，不要放棄。』」嘉海回憶道。

我親眼看著嘉海他用無數淚水撐過了那三個月，能深刻體會到他的不容易；因為課程有許多撞擊深層內在的課題，他幾乎每次上課都在哭。

但這段如苦行僧磨練的日子並沒有白費，學員也見證了他的成長，從原先對他的評價是「愛面子」、「戴著面具」，到後來對他諸多嘉許欣賞，有次課堂結束後，同學們還把嘉海抬起來拋向空中，再接起，用肢體給予他最直接的鼓勵，為他歡呼打氣。

「同時並且」的潛能激發；因分享形成富足

不但心靈成長，連業績也爆發。嘉海說：「學姊要求我把預定的績效目標提高百分之五十，我當時既要照顧媽媽，又要管理店，又要上課，第一個反應就是不可能做到，但課程教導我們『同時並且』的觀念，潛意識認定的不可能或許是因為恐懼，而沒去釋放出最大的自己。」

最後，在這樣的激勵與潛能驅動下，他僅用三分之一的預定時間，就達到學姊設定的業績目標。

課程結束後半個月，嘉海的母親也離開了人世。當時劉媽媽彌留十六天，我們的教練告訴嘉海要學會鬆手，別讓母親肉身繼續受到感情羈絆及病痛所苦。

後來他握著母親的手，告訴她：「今生無法回報給您的，會在今後給予在您疼愛的孫子孫女身上。」母親終於安心地離開。

不能說毫無遺憾，但嘉海盡力彌補，現在他把對母親的愛轉而分享給周圍的人。與妻子兒女的關係變得更親密，孩子遇到感情或是夢想上的困擾都會向他傾吐商量；朋友也說他變得有溫度了，帶領的團隊也前所未有地緊密團結。

曾經有許多人才從嘉海的組織中出走，「他們都是有膽量有才能、有思維有未來、有人脈有背景的精英，在自立門戶後成為我的對手。」最多曾有十四家店是從他這裡出去開店的，嘉海感嘆道。

後來，他意識到必須與人合作，便改採店與店合作的方式一起把餅做大，但只有三家店願意合作。

在上課程時，他的指導學姊一針見血，毫不留情地點出嘉海的缺點：「你的團隊沒有靈魂，員工只有肉體跟著你，心卻沒有跟著。」

儘管對內部員工的訓練，他並沒有因人才流失而藏私不去栽培，對於培養的部屬成為競爭對家，他也抱持著「人往高處爬」的想法，並沒有過多的責怪及抱怨。但個性使然，他以前就像個火車頭只想要拚命衝衝衝，總是身先士卒衝在最前頭，沒發現背後涼涼的，沒有人跟上來。

嘉海他反思，自己過去習慣軍事命令，一個口令一個動作，雖然員工在他的鞭策下能達到很不錯的業績，但並沒有成為「夥伴」、「家人」的情感連結，「原來，我帶領的不是團隊，只不過是『我的團體』。」

如今，他打從心底關懷同仁，員工結婚迎娶之日，他不但免費出借房車，甚至還開心自願當司機。由於他創造了共榮共享，猶如一家人的環境與氛圍，因此不管是房市冰河期或是春燕歸來時，都能攜手共度，在有限的條件下創造佳績，在無限的可能上打造輝煌。

創造黃金人脈

嘉海憶及踏入房仲業二十多年來，結識了不少人，有應酬的酒肉朋友，也有幫助他的貴人，其中一位女性長輩，他至今仍非常感激，也會定期拜訪。

那時候他只是業界初出茅廬，還沒闖出名堂的小子，在永和一家店面當副店長。有一天，店裡來了名女性客人，她說想將位於新店安坑山上的房子委託出售，由於地點偏遠，其他同仁去的意願不高。

他的想法倒是很單純，有案子就努力去做，兩人約好時間，他便騎著小摩托車噗噗噗地遠道而去，過程中很認真地聽屋主介紹屋況，了解她的需求。兩人簽約後，他又很積極地帶人去看屋，沒過多久，便幫她找到了買家順利出售。

令他意外的是，後來這位女客人又來找他賣屋，而且前前後後陸續委託了六、七戶，地點也從偏遠地區逐步往市中心靠攏，案子越給越大。

這位女貴人後來向嘉海說：「當初新店山上的房子只是個測試，想試試你的態度及能耐。」嘉海通過了測驗，不但掙到人生第一桶金，也因此順利在房仲業站穩腳步。

貴人是可遇不可求的嗎？其實也可以讓偶然成為必然。你永遠不知道面前這位不起眼的陌生人，會不會成為你生命中猶如哆啦A夢的存在，在關鍵時刻朝你伸出圓（援）手；所以，真誠地去對待每個人吧！

此外，我常讓學員思考並列出人際網清單，除了家人之外，與自己最親近的六個人分別是誰？所謂「近朱者赤，近墨者黑」，密切往來的人際網路會影響你的行為觀念，甚至舉止氣質。

傳播學中的沉默螺旋理論，是指當一方贊同支持的聲音愈大，持不同意見的另一方就會變得愈加沉默，只敢隨大勢做應聲蟲。如果你交際圈中都是一票更重於享樂、散漫多於正面積極成長的朋友，那你就容易被負面聲音給淹沒，甚至在淺移默化中被拉走，向下沉淪。

巴菲特著名的投資理念是：「每年維持百分之十的報酬率，持續投資、長期持有。」我覺得這也適用於人脈的經營與投資，但這種經營不是建立在商業利益的基礎上，而是朋友的相處往來。

你可以定期檢視近期密集往來的人際網，適度刪掉三人再加入三人，這樣的做法聽起來好像很現實，但其實換一批新的朋友並非要你遺棄舊朋友，而是一旦在人脈寶庫注入活水，就好似起了漣漪效應，你因朋友圈的擴大而結識更多可幫助自我成長的人，藉此在事業以及生活層面有顯著提升時，換個角度想，這也代表著你更有能力去幫助老朋友，或是成為別人的貴人了呢。

貴人是可遇不可求的嗎？其實也可以讓偶然成為必然。你永遠不知道面前這位不起眼的陌生人，會不會成為你生命中猶如哆啦A夢的存在，在關鍵時刻朝你伸出圓（援）手；所以，真誠地去對待每個人吧！

學精髓，別學皮毛

我的另一位好友許漢宗，他的頭家之路走得頗為曲折蜿蜒。因誤信素昧平生的台北設計師，而匆忙克難地開了第二家店，雖然原定的合夥人跑了，所幸地點還不錯，加上與女友（現在妻子）共同努力，生意漸有起色，那時月收入扣掉開支之後，還有餘錢可以還給借錢給他開店的丈母娘。

由於美髮沙龍做出了點小成績，漢宗想要升級事業，便到台北觀摩其他有名的髮廊，例如快樂髮廊、查理髮廊，學習他人的經營管理。

這招「他山之石可以攻錯」，借鑑成功者經驗的想法雖然很好，可惜漢宗只學到了表象皮毛，根本沒有學成精髓。

他看到台北許多美髮沙龍都開在二樓，便盤算著樓上店租更低廉，加上視野又高，很容易就能讓消費者看見，吸引顧客上門不是難事，於是一口氣在台南鬧區開了兩家店。

可是他沒有深入研究市場，不了解地域差異性，只是簡單套用模式卻忽略兩地消費習慣不同，台南人生性保守，即使二樓的店面再明亮，但因為無法直接看到店裡頭的情形，擔心萬一上樓之後不喜歡，又礙於情面不好意思走出店外，就直接在心底打叉，索性連樓梯都不爬了。

這道階梯反而成了阻擋客人的分界線。

不了解市場，沒有因地制宜，只是完全複製移植他人做法，就好似東施效顰，結果就是畫虎不成反類犬，這兩家店沒有讓他如虎添翼，反倒又成了拖垮他財務的負擔。

生意不佳，等不到客人光顧，員工情緒緊繃，很容易一言不和產生摩擦；內鬥加上不斷燒錢，漢宗在高壓之下又做了錯誤決策。

當時他跟旗下最賺錢的中西區店長互動很緊張，又急需一筆資金周轉，他一時衝動就將店賣給了對方，雖然暫時解決燃眉之急，但沒了最賺錢的金雞母，也就少了可觀的現金流，他的經濟壓力反倒愈堆愈高，負債達到三、四百萬。

天無絕人之路，在美髮事業岌岌可危之時，他認識了一位同行，漢宗發現她開設的美容沙龍店充滿活力，員工凝聚力很強，跟他當時分崩離析、形同散沙的團隊全然不同。

這位女老闆告訴漢宗，她跟員工到台北我公司做教育訓練後，一家店每月有六、七十萬元收入，業績及管理經營成效明顯改善；眼前活生生的成功案例，讓漢宗重燃希望，抱著姑且一試的心情，他報名課程，自此事業止敗，因思維轉變而扭轉乾坤。

夥伴制度提高向心力；危機時進場搶占商機

三十歲以前的漢宗，不知道經營一家店需要有理念、願景，在接受一系列課程洗禮後，才明白自己從來沒有為團隊設立宗旨，他重新審視開店經營之道，領悟應從原先辛苦的單打獨鬥，向內尋求支援，讓員工成為股東，轉變成夥伴制度。

精英會課程更令他內心萌生了理想、抱負，從消極退縮狀態，變成向打不死的蟑螂學習，鼓勵自己絕不輕言放棄，持續創業之路。

漢宗當時兩袖清風，身上更背著債務，員工夥伴的口袋也很淺，沒什麼錢，身為老闆，他雖然還是很恐懼、懦弱，但勉強自己去做一些不擅長的事；先是委外印製了些宣傳用的小包面紙，再去租一輛廣告車，他將廣告車開到人多的地方停下來，自己一個人在路上發放面紙給路人，盡力宣傳。

除了加強廣告宣傳，漢宗與妻子也強化員工的目標及技能。長達四年時間，每晚那間三樓的辦公室、小課堂，經常出現這樣的畫面：漢宗在辦公室跟部分員工溝通，透過聊天過程，激勵員工對經營店面更多的企圖心；他的太太則在另一個房間幫助強化員工的美容技術。

四年期間，夫妻同心打拚事業，漢宗每年平均展三家店，一直到十五家店時，才暫緩擴張速度。

拚事業的那幾年，他花費不少心力行銷廣告，積極進行內訓等行動，對美容沙龍的經營步步為營。

二〇〇二年SARS事件壟罩全台，消費者不敢出門，大環境百業蕭條，連曼都連鎖髮廊都暫時放棄到台南展店，漢宗卻一改平時的保守，反向操作，大膽突圍。

「我認為SARS危機只是一時，剛好曼都一間在台南地點非常好、規模非常大的店要頂讓，只需往常百分之二十的價碼即可取得；雖然租金依舊不少，同行很多也都不看好，但我仍壯著膽子租下。」

結果證明漢宗的做法是正確的，那家店吸引到的客源與美髮人才都是前所未有的多，對於他往後的展店計畫也達到極佳宣傳效果。

他在上課後了解到，營造自己規模很大的形象更有助於打開規模，所以在只有兩家店面時就花錢打電台廣告，並與台南最大報《中華日報》合作，免費提供訂戶美髮體驗券。

「其實我那時候開店思考的都不是賺錢，而是打知名度，我的計畫是藉由更多的分店來打開品牌。」

對內，漢宗發展和設計師合夥的內部創業模式，提高員工參與度，加上激勵心法，營造共同奮鬥的使命感，以及專業技術的實質培訓，三效合一，員工有無比的向心力。

對外，他加強宣傳力道，又敢於SARS期間危機入市，在別人退縮拱手讓出市場時，反而搶得便宜與商機，也因此，儘管外界經濟情勢嚴竣，米蘭美容沙龍集團的版圖擴張速度比其他同業快很多，二〇一一年成長至二十家分店，第三十家則於二〇一三年達成，規模繼續擴大。

自信做自己的主人

漢宗從十六歲踏入美髮行業，到三十歲之前，可說是不斷嘗到失敗的打擊，幾乎是剛站起來就又被打趴，甚至連續被KO（knock out）！

但是回首過去，漢宗最想跟當時那個無助又弱小的自己說：「請再更相信你自己，你可以的；也感謝你的堅持，沒有真的放棄。」

人生拉長來看，從整體而言，三十歲之前的漢宗確實做得不夠好，犯了許多大大小小的錯誤，也幾度產生放棄的念頭。但微觀去看，那幾年摸索經營之道的經驗裡，仍有一些小細節是可取的，例如開創過年美髮業不放假的先例，還有及時的學習、修正錯誤。

「向黃總學習及跟學員交流之後，我覺得其實那時候的一些想法與成功者是接近的，只是還沒有足夠的積極性及膽量去做到而已。」

宗漢透過課程強化了自信，懂得在過程當中去累積一些小小的成就感，讓這份成就感成為後盾，如同守護靈一樣，在遇到困難的時候支撐住自己。

如今他經常跟員工分享：「人生不如意事十之八九，但是人往往容易忽略、不去珍惜我們如意的一二，一直惦記並放大那些不如意；我們要盡量去看擁有的，從每一個小細節中，賞識自己的優點。」

如果連自己也不相信自己，消極負面的想法就會像個大食怪把你吞下肚，讓你一事無成，變得更為匱乏。台語有句話：「歹歹馬也有一步踢。」天生我材必有用，一枝草一點露，每個人一定有他的優點，藉由不間斷的正確學習與修正，去放大你的優點，當優點足夠大到能蓋住你缺點，即使有小缺點存在也不足以為憂。

現在漢宗一有恐懼不安時，就會試著去想這件不好的事情可以給他帶來的好處，有點像是修道一樣，透過困難的事件及難纏的人物來修自己，這樣想，心靈就可以獲得平靜，不會有太大的起伏跟干擾。

有一句富含哲理的話，大意是：「聰明的人能成為心靈的主人，主宰自己；愚蠢的人則是其心靈的奴隸，受情緒奴役。」

你想當領袖，還是當奴隸呢？

人生不如意事十之八九，但是人往往容易忽略、不去珍惜我們如意的一二，一直惦記並放大那些不如意；我們要盡量去看擁有的，從每一個小細節中，賞識自己的優點。

設立停損點，勇敢斷尾求生

我從單純的業務銷售，不小心轉了個彎，聞到了教育訓練的花香，對演講授課的互動成長產生強烈興趣後，我的人生劇本也全然翻改。

為尋求更大舞台，我離開老東家，沒去應聘其他競爭的美髮美容產品公司，是覺得打對台，並不厚道，而且人情留一線，日後好相見；所以拿出積蓄自行創業，從零開始拚。

創業一開始，當然是先由熟悉的產業入門，為美髮沙龍店的老闆及員工做內訓，做出口碑後，逐步擴展到為其他行業，課程包括各種銷售、行銷技巧，以及潛能激勵等。

每個行業都有生命週期，在萌芽期導入算是開創者，高風險但成功布局就易收割高報酬；成長期同業如雨後春筍，愈來愈多冒出頭，但仍有可觀利潤；茁壯期市場百花齊放，獲利空間已有限；飽和期則人滿為患，即將面臨衰退。

我踏入教育訓練產業，算是在萌芽期後段，雖然在這領域辛苦流汗開墾，但實話說那個時期地廣大、土又肥沃，要收成高績效與營業額並不難，能創造不少盈餘。

當時約有兩、三百家的美髮沙龍找我做員工訓練，有一次，大夥兒在美髮沙龍俱樂部天南地北聊天時，聊到了如何才能降低美髮產品的成本，於是衍生了類似現在團購的方式，大量引進產品；但是等到我談妥搞定所有簽約代理事項，產品也進貨之後，有些店家卻一反當初的約定，反悔了。

「唉呦，我店內的髮品都是髮型師在選擇的，我做不了主啦！」

「不好意思，已經跟別的髮品公司簽約了，我想拿回之前跟你訂貨的貨款。」

我阿沙力答應一家退款之後，沒想到，愈來愈多沙龍提出要求；為紓解囤貨壓力，我將原本做教育訓練的員工調去產品部門，但他們臨時上陣，對產品不夠熟悉，自然也就做不出產值，原本營運順利的教育訓練部門反而受到拖累。

蠟燭兩頭燒，我每個月光是人事成本就燒掉七、八十萬；燒了二十個月，我吹哨暫停，不切割恐將落得滿盤皆輸，痛定思痛，我結束產品部門，也很乾脆地退貨款，雖然吃了虧，但不想深陷膠著拉扯的局面，也避免與人交惡。

這一役，我共賠了四千多萬！

龐大債務像塊巨石，壓在身上沉甸甸的，我一肩挑起，背得心甘情願，因為是自己深思熟慮做出的決定；無論哪種事業都必須有風險管理的準備，如果洞會愈補愈大，這種錢坑不能再往裡頭投錢，停損才能止血，寧可斷尾求生，保留元氣。

而且經過系統教育鍛鍊心理素質後，我的心臟變得超大顆；調整好呼吸，眼光看向前方，評估局勢，前頭有無數賺回四千萬的商機，我有自信隨著重新出發，一邊前進的同時很快就能減輕債務負擔，腳步會愈走愈輕鬆。

另架軌道，開闢獨特路線

我對事業體有個信念，以火車為例，行進在同一個軌道上的火車是沒辦法超車的，只可能會追撞，不可能超越。

進入教育訓練行業前，已經有很多前輩在做，隨著職涯資歷像里程數一樣不斷累積，我心中的職場藍圖也愈來愈清晰，想要做跟人家不一樣的東西，於是，一直苦思在這個行業進入飽和期前，應該轉換什麼跑道？若想要做出區隔，首先，就要尋找既獨特也具有質量的產品。

幾年前我看到所謂的商業教練，覺得會是進入企業很重要的一個營業項目，是取代台灣傳統企管顧問的未來趨勢。

在馬來西亞第一次上布萊爾・辛格課程後，我大為震撼，以往接觸過不少國際名師，都是聚焦於自身光環，強調教練本身多卓越，而布萊爾・辛格卻放眼學員，透過模擬演練及互動，引導學員激發高能量。

看見商機曙光，加上喜歡布萊爾・辛格「讓企業更好，進而讓世界更好」的理念，促成我與這位世界第一的商業教練開展合作模式，雙方於二〇〇八年正式簽約。

這套系統的導入，令我的教育訓練課程彈藥庫更完備；來上課的對象不再侷限於服務業，包括製造業及各類中小企業主都來體驗，連香港及其他華人地區也有學員飛來上課。我們也為一些公司量身規劃中長期的訓練課程，甚至為其體系把脈問診，嘗試找出內部管理的關鍵問題，並提出建議。

以前，要上國際大師的課程須飛到鄰近國家，我就曾帶上百名學員飛國外培訓；當我代理國際知名的富爸爸系列的品牌時，便獨家規劃了引入台灣，讓教練親臨本地，現場授課。

時間調回二〇〇八年。與富爸爸集團正式簽約後，我計劃邀請大師來台灣，但既然是國際級教練，活動當然要有一定規模，總不能只辦五十人的場子。

布萊爾．辛格很樂意來台灣授課，但我坦白告訴他，目前為止還沒辦過幾百、上千人的大型演講，心裡有點空，沒有十分把握，甚至還半開玩笑說：「不如，你慢點來好了。」

他鼓勵我去嘗試，不去做永遠不知道自己能不能做到，還說一定要來支持我。

我對挑戰的接受度一向滿大的，心想，好啊，就給他衝下去！於是，抱著一顆憨膽，計算大師的講師費和機票、住宿成本，估算需要吸引多少人進場，並訂下日期及工作計畫後，就盡力動員所有人脈，並強化宣傳力道。

那一天，偌大的演講會場地，布萊爾．辛格拿著麥克風在台上妙語如珠，底下坐了六百名觀眾，盛況空前；接下來，兩天的正式課程，有二百八十八人繳了學費進到教室，學生人數超出我預期。

布萊爾．辛格後來給我點讚：「集團加盟商中，你們是全球績效第一名！」

那個瞬間可以列為我生命中十大珍貴的時刻，「透過我與團隊的努力，讓自己的故鄉被世界看見了，讓世界知道華人具備強大的競爭力。」這份榮耀感，也讓我在往後的日子，更有動力去冒險。

身心有效管理：愛惜現在，探索未來

我很熱愛工作與賺錢，以前仗著年輕，可以一天工作十六個小時不怕累，然而長期這樣子做是有風險的，可能摧毀健康，或者因疲累在路上發生危險意外。

過去我沒把身體風險考慮進去，劉嘉海也是，他笑說：「有段時間我常自嘲，自己是在用命經營事業。」

二〇〇七年，嘉海擔任房仲公會理事，經常下班後就跟同業喝酒應酬，生怕少了交際就少了訊息。有次半夜，他騎上摩托車回家，自恃喝得不多，但他其實是「醉得不知道自己醉了」。

茫茫然之中，沒戴安全帽的他，對準電線杆不偏不倚撞上去；是路人甲發現倒在血泊中的嘉海，緊急送醫，撿回一命。

嘉海在之後戒了以杯中物應酬的壞習慣，現在，他經常安排各項運動競賽，讓同仁一起參與，除了藉由同樂活動交流感情外，也能培養員工耐力，因為衝事業有時候不但要有短跑的速度，也需要長跑的持久度。

「身體」是幫助你成功的必備「工具」，許多企業領袖與精英非常重視養生，再忙碌也會擠出運動時間，甚至聘請私人健身教練；理由很簡單，當你管理不好健康，如何有精力或資格管理他人；無法經營健康時，又何來的體力經營事業？所以要多愛惜現在的身體。

身體出狀況時會出現不適的表徵，內心生病的時候呢？

因為從小成長的環境，讓我建立一個想「證明自己」的心態，所以很倔強。我總是攬很多事情在身上，拚命三郎一樣地工作，不管待在哪一行，都算突出，也稱得上是很會賺錢的 top sales。不過，奇怪的是，我的口袋像是有破洞，錢就是留不住。

直到我更深層地與大師學習後，才明白兒時經歷，往往會在長大後仍不知不覺地制約心靈與行為。

回溯過往，九歲是影響我人生很關鍵的一年。

小時候，住在鄉下的外公、外婆家裡，喝阿華田是老人家給小孩子的甜頭福利。那一天中午，陽光燦亮，我漫不經心地晃進廚房，一瞥眼，餐桌上有一個泡過阿華田的杯子，上面爬滿螞蟻。

「你這小孩怎麼這麼懶！喝完也不知道拿去洗，你看，螞蟻都被你引來了！」剛巧走進來的外婆，見我一個人在廚房，她以為我隨意擺放在桌上，放任螞蟻攀爬，立刻指責。

「又不是我做的！」我沒好氣地回應，她就一巴掌重重地甩在我的臉上，大罵：「說謊！」

然後，我被痛打了一頓，內心從此埋藏了很多委屈、憤怒與不滿。

當年被打的時候，腦袋一片空白，從那一刻開始，即使想呈現正面形象給別人看，內心還是挾帶著憤怒與不滿。

先前說過，由於哥哥課業表現出色，我一直有著不平衡心理，這次被誤會，我認為就是因為不受重視，才會不聽我的話、不相信我。

希望被家人當回事，九歲的我對自己植入要變有錢的指令，但這種想法的根源是出於憤怒與報復，所以後來的事業即使一時賺得到錢，也會因心靈的匱乏而無法長久豐盛。

弄清楚過去為自己心田種下了什麼樣的種子，對往後人生會有很大幫助；認識正確的自己，也是下一章即將進入的課題。

無論哪種事業都必須有風險管理的準備，如果洞會愈補愈大，這種錢坑不能再往裡頭投錢，停損才能止血，寧可斷尾求生，保留元氣。

幸福．財富

一次拚出來的簡單實用法則（三）

你只要跟我一起改變原有的「負面信念系統」

信念：愛自己，容許把自己看大一點！

人總是莫名的，會充滿不確定感或沒有安全感，所以會產生喜歡「控制」的潛在意識，例如：在兩性關係中，常打電話給另外一半問：「你在哪裡？」、「在做什麼？」……；或在親子關係中，告訴小孩幾點要做哪些事，將來要做什麼行業，要不要去補習？可不可以如何、如何？……，但是你無法控制的就是「無常」，上帝給了我們很多禮物，你可以控制生命當中很多的事情，但唯一你不能也無法控制的，就是根本不知道下一秒，將發生什麼事的「無常」。到底明天或意外哪一個會先到，你永遠不知道，例如：美國九一一事件，那些罹難的人，他知不知道當天就會死亡了？沒有人可以保證三年後、三個月後，甚至是三天後自己是否還活著，你（我）唯一可以掌控的就是現在這個當下，過去已經過去，你也無法改變或掌控！

所以把焦點放在過去，常常會掉入「我當初怎麼沒想到？我當初如果怎樣就不會像現在一樣了！我當初眼睛瞎了，怎麼會買那支股票、嫁給那個人……」，這樣只會讓自己的能量下降及沮喪；或是把焦點放在未來，往往也會變成「怎麼還沒成功、到底要等多久才可以……」，所以容易有煩躁感。

唯一可以有主導權的就是現在——我選擇如何思考，如何行動。如果今天是你生命最後一天，你會如何去過呢？在家庭裡，你會如何對待家人？在公司，你又會如何對待所有的同事、老闆？在商業中，你如何對待客戶呢？在人際中，你又如何對待別人或朋友呢？面對萬物你又是會如何對待呢？……最重要的是你會如何對待自己！每一個當下都要讓自己開心，不管面臨任何挑戰，你不能控制未來、不能更改過去，可以掌握的就是當下我這個偉大的自己要做什麼。

練習

檢視自己在面對問題時，是什麼樣的反應與狀態？生命的品質決定於你問問題的品質。從現在開始練習問自己：

①發生這件事，對我有什麼好處？
②我學到了什麼經驗？
③我現在願意做什麼來得到我要的結果？

Part 4

真正脫胎換骨的要素與方法

公開的我與背脊的我是否一致？真正的我究竟是什麼模樣？有著什麼樣的弱點或缺陷？「認識自己」是人生路途上很重要的大事，有意識地去維護心理的健康，拋開陳年心結，才能輕裝上路！

★很多人懂成功，書也看很多，為何不成功？就是少了一個關鍵：習慣。

★每一個人成長背景不同，阻力的源頭也因人而異，鼓勵大家拿一面直視自己的照妖鏡，往內心及記憶深處去挖掘，你會發現，學習和實際操演的過程很有意思。

★「你不知道自己不知道什麼」；不知道不代表不存在，「學海無涯」還真不是老學究騙人的話，承認無知，是邁向智慧的第一步。

★陪伴你的教練也可以是身邊的人，例如家人或是可以互相鼓勵的好友，只要對你而言，是個驅動者就可以。如果身邊沒有能叫得動你的人，不妨尋找專家。

蟬蛹變為成蟲，要脫去身上一層殼，兵法《三十六計》中的金蟬脫殼之計，說的是從危機中脫身、化險為夷的良策。

換個思維角度，當我們覺得人生被無形東西卡住，儘管想要突破，背後卻彷彿有道黑影拖你後腿，讓你不上不下時，是否也可以學習金蟬變身的智慧，擺脫舊有的自己，得以脫胎換骨，破繭而出呢？

人想徹頭徹尾轉變，我的看法是需要三大要素：一、了解正確的自己，二、學習正確的知識，三、運用正確的媒介。

從眾多卓越人士中抽取他們的成功特質，除了冒險進取的好奇心及勇氣、千里眼般具遠見的戰略眼光、一旦決定千匹馬拉不回的行動力外，還有對自己非常清楚的認知，了解性格上的弱點，並能借助規律學習及自省紀律的途徑，內化為輕功，幫助自己蛻變、躍得更高；像電玩人物超級瑪利歐一樣，在人生關卡中，敏捷閃避障礙物，跳過高牆吃金幣、吃寶物，一路闖關致勝。

透過知識開發你的智慧，加上正確媒介（驅動者、時間）的發功發酵，讓自己持續保持熱機中，對事物、情緒、靈性的覺察力會升級；一旦從「用腦」轉變成「用心」，就能提高做出正確判斷的良率了。

當然，如果願意將關注焦點，從自身特寫，再拉遠鏡頭，放到更大的世界時，責任感及使命感的推進，會讓人猶如接通了電流，渾身蓄滿動力；為了想帶給周遭的人幸福，自己也會成為比現在更好、更棒的人。

了解自己的生命之樹

人生旅程就像一棵生命之樹，茁壯後開花結果，每個人結出的果實都不一樣，有的既甜又漂亮，有的發育不良、內部腐爛。

看得見的蟲蛀啃蝕，很容易被發現，及早治療；在看不見的深處，藏於泥土下的，才是影響生命之樹的源頭。健壯的根部能提供整棵大樹抗體，幫助抵禦各類病蟲害，萬一根生病了，必須治療腐根，否則別說長果子了，變成朽木都有可能。

看不見的，會影響看得見的；如果你的生命之樹沒有蓬勃生氣，結出的果實是拐瓜劣棗，或許就是根部出了問題。「結果」重要嗎？不重要！因為它只是等著被「發生」，所以，「因」才重要。

人們被自己的靈魂控制，你的左腦很理智告訴你：「我要成功、要致富、要擁有幸福」，但有些人會心想事成、有些人會事與願違，無法如願的原因，有可能就是因為靈魂沒有跟你的頭腦同步，它被一些阻力牽絆住了，進而牽制住了你。

阻力不見得源於現在發生的事情，有可能來自很久以前就被你鎖在內心抽屜的記憶。那些你以為遺忘的事件，有時候會突然跳出抽屜，在當下創造出一種感受、一種氛圍，拖住你靈魂。

不曉得讀者害不害怕一個人獨處？我過去是很愛熱鬧的人，如果處在冷清的環境，我會不太能適應，甚至覺得很難捱，頻頻看錶，時針秒針彷彿以慢動作在移動，內心吶喊：「一個小時怎麼像一天那麼久！」

所以我總是喜歡一群朋友圍繞身旁，落單的時候就會慌，開始四處找人。剛創業的時候，大部分的人覺得我是瘋子，因為我太喜歡跟大家作陣，公司經常到凌晨一、兩點依然燈火通明，同事聚在一起討論今天跑的行程怎麼樣啊？研究接下來的課程要如何安排啊？當時大家真的是很瘋狂。

不喜歡他們一個個回家後，只剩我一個人的感覺，所以我往往會逮著人處理公事，甚至沒事找事，弄到自己完全沒有精力，累到回去倒頭就睡；然後第二天睜開眼，我又會很興奮地跳下床，想趕快衝到公司。

也因為愛熱鬧，我跟一般講師不太一樣，有的講師追求自己做為一個紅牌，但我更喜歡團隊出擊，大家一起集思廣益輪番上陣。

但是，人又不是上發條的機械錶，停了轉一轉立刻就能動；不可能持續處於精力巔峰狀態，長期下來，同事夥伴也會覺得爆肝，太疲累而撐不下去。

原本一個人獨處，特別是無事可做時，我會不自覺呈現空明空洞的狀態；後來，當這種感覺出現，我不想再裝做不知道，透過系統學習，我開始往內心深處挖掘，思索生命中第一次與孤單感覺產生連結，是什麼時候？什麼原因造成我無法跟自己獨處？

解開困住你的死結，提高生命動能

原來，懼怕孤單、怕被遺棄，源於童年經驗。

小時候沒跟父母親住在一起，雖然告訴自己，像我這樣成長在隔代教養家庭的小孩不少，又沒什麼。有時還會逞強認為「不用被爸媽管，習慣了，也挺好的！」

可是，心靈深處，有個不敢自問的疑惑，或者說，是恐懼。「我，是被爸媽遺忘了嗎？」

兩、三歲時，白天我被送去托兒所；位於大馬路旁的托兒所為了安全，外圍設有鐵欄杆圍籬，我常常趴在欄杆上，眼巴巴朝外頭望。

「小朋友，快進教室，要上課了喔！」老師總是會過來督促我。

直到現在，依然記得眼中那被鐵欄杆切割的畫面。我小小的身子站在欄杆前，踮起腳跟，透過欄杆縫隙，努力地望向另一邊的馬路，那是來上學的方向。

我常想著，今天會是誰來接我呢？尤其放學後，有時阿嬤來晚了，更是悄悄期待起驚喜，說不定是很久不見的爸媽要來接我了呢。

只是，每一次出現在馬路另一頭的，都不是我朝思暮想的父母。一次次的盼望落空，就烙印上孤獨感了吧。

人是很奇妙的生物，性格千百樣，對事情的感受也迥然不同；即使父母在成長期陪伴身邊，也有可能因一次的迷路走失，或是某天待在褓姆家，卻遲遲不見爸媽來接的經歷，而感受到分離焦慮，產生被遺棄的擔憂。

我們還是會健康地長大，但兒時一些衝擊過心靈的經驗，可能會停留在記憶的小角落，你以為不存在，但其實只是積了灰塵被掩蓋而已，你沒有拿掃帚、拿吸塵器去把它徹底清掃掉，負面情緒依舊會影響著日後的人生。

就像我，從前一直不願處理及面對這種害怕孤獨的感受，長大後與父母的相處雖然並無異狀，感情也不錯；但孤單感常無聲無息出現，打擾我的生活，令我軟弱、能量低下，得藉由呼朋引伴，把熱鬧的氣氛當成能量飲料，來填補空虛、提神補氣。

又例如，前一章所述，九歲那年我因「阿華田冤案」引發的不平，那就是我生命之樹第一次與金錢連結的「因」，造成我日後賺錢只是為報復性的動機；埋的根是憤怒，或許一時賺得到錢，但原本可以把事業體做得開枝散葉、做出更大成就，卻因沒好好整理根部問題，而停留在一某種程度，無法豐盛富足。

在我認識自己的心魔與陰影之後，透過與大師的學習，慢慢用使命感來替代孤單感及過去想賺錢的動機；於是，形成一種正面循環，每當有學員開心來跟我分享他轉變後的進步與成果時，這種回饋帶來更多的滿足感與成就感，我也因此被激勵，產生更大的能量及動力，繼續推著我向前走。

每一個人成長背景不同，阻力的源頭也因人而異，鼓勵大家拿一面直視自己的照妖鏡，往內心及記憶深處去挖掘，你會發現，學習和實際操演的過程很有意思。

公開的我與背脊的我，是否一致？真正的我究竟是什麼模樣？有著什麼樣的弱點或缺陷？「認識自己」是人生路途上很重要的大事，有意識地去維護心理的健康，拋開陳年心結，才能輕裝上路！

阻力不見得源於現在發生的事情，有可能來自很久以前就被你鎖在內心抽屜的記憶。那些你以為遺忘的事件，有時候會突然跳出抽屜，在當下創造出一種感受、一種氛圍，拖住你靈魂。

謙遜及擁有敞開的心

小時候，外婆在庭院樹下養了一堆小雞，每次外婆餵小雞飼料時，我就喜歡湊在旁邊看；小雞養大後可以賣掉換鈔票，從小孩單純的眼中，小雞就代表財富。

有天傍晚，我在庭院玩，突然看到很多小蚊子在雞籠上飛舞，擔心小雞被叮會生病，為了保護財產，就用手拚命揮啊揮，想驅逐牠們，但蚊子大軍根本沒把我放在眼裡，一會兒又成群結隊回來。

「這可不行，得想想辦法保護小雞。」我心生一計，噔噔噔跑回客廳拿武器，再噔噔噔跑回來。

嘶！一夫當關的我，手拿殺蟲劑殺敵無數，一陣臭氣熏天後，蚊子被殺死了，但是我方人員——小雞，也在我的「保護」下，被殺蟲劑的毒氣給毒死了。

為了避免損失而做出防護行為，動機是好的，但光有好動機卻沒有正確知識，反而形成自殺式後果，折損財產，危害到了自己。

米蘭國際時尚總裁許漢宗創業之初，也曾做出許多錯誤決定，例如在沒有人潮的小巷弄開店、跟完全陌生的人合夥事業，這些行為跟我小時候對著小雞噴殺蟲劑差不多，都是因為「無知」而搞砸，害他三十歲之前的人生，焦頭爛額忙著收拾爛攤子。

正面教材是，二〇〇六年，我與布萊爾．辛格團隊洽談代理事宜，雙方密集聯繫期間，對方告知我一個訊息：次級貨幣時代來臨，想賺錢就快去買貴金屬。

當時一盎司黃金差不多九百元美金，我很聽話，迅速買了一些黃金做為投資；次年，二〇〇八年金融海嘯時期，黃金一盎司衝到了近二千美金，兩倍多的漲幅，這波操作，讓我取得很不錯的獲利。

「正確知識」的獲得，就像大半夜行駛在錯綜複雜的道路時，出現清楚而明亮的ＬＥＤ指示牌，寫著「財富果園，右轉八公里處」幾個大字。透過路標指引你如何趨吉避險，引導你找到充滿甜美豐碩果實，有甜頭可摘可嚐的果園。

唯有你賦予它意義才有意義

資訊爆炸時代取得資訊不困難，但要過濾訊息並正確運用，否則拿到錯誤資訊，被炸掉的就是你自己。

何謂正確知識呢？我認為第一要素是，如何去解讀知識！

比如，我手上拿著一支鋼筆，當我用來書寫時，這是筆；我上課拿它來指點說明簡報，這物品就成了指揮棒；小狗狗靠近時，我隨手取來逗狗，它又變成了玩具。

所以，如何去定義這個東西，答案：都是，也都不是！所以必須認知到任何東西、事情都沒有意義。唯有你賦予它意義，你覺得它是好就是好、它是對就是對，同理你又如何賦予自己意義呢？你是誰呢？

再舉個例子，我當兵前曾去土城工業區旁的一家電子工廠當作業員，當時念夜間部半工半讀，可是每次快到下班時間，我準備要去上課了，廠長就會叫我加班，而且每次都只叫我。

起初逆來順受，但隨著次數增加，心中愈來愈不爽，滿腔憤怒又不敢爆發，因為當兵前的尷尬時間很難找工作，怒火只好全積在肚子裡。

有次家庭聚會，我跟從小很疼我的小姑姑抱怨：「吼，我們廠長真的很顧人怨，上課這麼重要的理由可以不必加班耶，但他每次都只叫我留下來，是哪裡看我不順眼!?」

啪！後腦勺突然重重挨了一掌，我頓時傻眼，本以為小姑姑會安慰認同我，沒想到她竟給我來個無影掌。

「廠長會留你下來，是信任你啊！」

「是這樣嗎？」我從沒這樣想過。

「想想，你要交代別人事情的話，會找信得過的，還是信不過的？」

經過小姑姑點醒後，我茅塞頓開，將心比心一想，從此轉念用不同角度去看廠長的舉動，也不再心懷委屈，別人要我去做什麼代表他信得過我！環境驅動你去冒什麼險代表上帝信得過你！之後出社會，任何老闆叫我做事，我都覺得太棒了，代表老闆覺得我適合這份工作，我是有用處的。一個事件經過正確的解讀與定義，就成為對往後人生有幫助的正確知識了。

任何東西都沒有絕對的意義，唯有你賦予它意義才有意義。延伸來說，你如何去看待自己，道理與這支筆相同，如果你認為自己超級有影響力，那你就有機會做大自己，去爭取可能性；如果你賦予自己的意義是隨波逐流過生活，那也沒什麼不對，只要你甘願，確定自己不會在午夜夢迴時怨嘆：「我曾經也是有遠大抱負的人，怎麼被生活磨得如此黯淡。」就好。

你不知道自己不知道什麼

有一句話講得很好，「你不知道自己不知道什麼」；不知道不代表不存在，「學海無涯」還真不是老學究騙人的話，承認無知，是邁向智慧的第一步。

你會跟一個十歲小孩討論事業經營的學問、職場複雜的人際關係嗎？普通小孩腦中沒有儲備這些思維，根本無法跟你對答互動。

那你在職場連滾帶爬這麼多年了，知識儲備夠齊全了嗎？科技時代訊息變幻莫測，一秒內這世上可能有些事已風雲變色。黑暗可怕嗎？不知道黑暗後面有什麼才可怕。馬克．吐溫說：「讓我們陷入麻煩境地的，不是未知，而是那些你以為如此但其實不然的事情。」

我常跟學員灌輸一個觀念，只要人一說：「這我也知道」，那就沒有可能性了。因為會說這句話，就代表他是處於滿杯，而非空杯狀態，太自滿便聽不進別人的成功經驗與建議。

除非你有自信已成為這領域的最頂尖，再也沒有一丁點的進步空間，否則不要害怕去承認我還有東西不知道，或者我還是個一知半解的笨蛋，尤其是半瓶水千萬不要以為自己響叮噹，你不把蓋子打開，把知識的活水灌進去，就享受不到醍醐灌頂的暢快與幡然醒悟。所以要做自己的開瓶器，而且盡量把容器做大，相信我，你還可以灌進去更多成長養分。

我的個性是，不可能去做我不知道的東西，所以我會廣泛學習，而且喜歡透過與人的交流，豐富閱歷眼界及世界觀，教學相長並不限定於老師與學生之間，即使樣樣都不如你的人，也能在其身上找到學習的樣本。

當知道的東西愈多，眼界範圍就愈大、可能性也愈大，就像海綿汲取知識的養分後，會變得比原本有重量。

豐富的知識有多好用呢？用最淺顯的例子，幾名好友要聚餐，主辦人打電話來問你有沒有想推薦的餐廳？希望吃哪種料理？你想了三分鐘，腦中一片空白，回答：「我都可以，隨便。」等到了約定的那天，你看著眼前的食物食不下嚥，又油又鹹，結帳時還發現貴死人，CP值超低，心裡嘔得想摔手機。

但是，當初問你意見時，是你自己棄權的啊！如果你知道很多餐廳訊息，有足夠多的知識，當初是不是就可以提出建議呢？即使最後未必會被採納，至少不是自己完全放棄推薦，全交給他人決定，然後才來抱怨一切，不是嗎？

多份知識，就多個選擇權，人生也是如此！

只要人一說：「這我也知道」，那就沒有可能性了。因為會說這句話，就代表他是處於滿杯，而非空杯狀態，太自滿便聽不進別人的成功經驗與建議。

是你在使用知識，不是知識在使用你

我的夥伴都知道，我是某財經周刊十幾二十年的老訂戶，十幾年來從來沒有停過，我不斷地閱讀K書，但是做事業其實做得很辛苦。

近幾年，周刊每一期都按時送來，但放在辦公室角落，疊得整整齊齊，塑膠模封得好好的，我一本都沒再拆過。

我告訴自己，你要成功就不要再看這些雜誌，因為自己看了這些雜誌就會分心；多想要成功，你自己會不知道嗎？需要看這些雜誌來激勵你嗎？（此觀點不適合所有人）

以前，當我看周刊報導時，覺得這個公司的案例不錯，想著，我要拿來參考，翻了幾頁，看見另一個公司的案例，又想借鏡；結果我變得完全被外面的意識所主導，沒有自己的意識。

之後領悟到，別人設計出來的遊戲，並不是我要玩的，自己的事業必須是自己的遊戲，而玩自己的遊戲就要把「心」拿出來。其實很多觀念想法、組織做法必須經過沉澱整理、歸納剖析才會屬於自己。

了解關鍵點後，神奇的是，反而我公司營收成長更快，所以，要成功第一步：盡信書，不如無書！

並不是說閱讀不好，而是當我知道它會影響我的時候，就先把它放在一旁，先去落實。當然，吸取新知還是很有必要的！但是要有目的性地篩選，不能毫無判斷力，被各種資訊牽著鼻子走，如果你什麼都想、什麼都要，那你會成功才奇怪！

而且要建立從別人的案例故事來觸類旁通、靈活運用的能力，而不是自以為聰明，做個相同的模型硬生生套在自己身上；這種傻氣行為，就好比灰姑娘的姊姊，削足適履想穿上玻璃鞋，結局就是眼睜睜看著王子牽著灰姑娘的手，自己只剩腳傷與心傷，得不償失。

我喜歡閱讀大量的書籍，因為相比下，書不像雜誌之類的有一些時效性的資訊，很多書裡寫的是真理而非道理；每個人的腦袋就像是一台電腦，記憶體儲存量有限，那麼，你覺得，你應該在自己的記憶體中放真理還是道理？

我會整理讀書心得，並且一直在實戰中觀察，哪一些真理是在商場上永恆不滅的？有一句話說得很好：「二十世紀的成功模式在二十一世紀未必管用。」

在閱讀的時候，會用左腦思考、分析、判斷，但這樣的思維訓練，你可能很多年前早就用過也熟練了，現在最不缺的就是用腦，缺的是用你的「心」。

把腦袋拿掉，把心拿出來，用心真正去感受到底哪些才是真理？許多千變萬化的東西我不想將它們裝進來，因為抓取太多瞬息萬變的資訊，很容易灌爆你腦袋，而且過時的訊息只會砍掉你的手腳，所以我只做好一些單純想做好的，不做花俏、譁眾取寵的東西，簡單說，也就是只做最根本的部分。

找到自己真正要的根本以後，堅持那個方向，並且最好拿書中真理去驗證；掌握好自己的方向盤，就不會一看到別人如何如何成功、怎麼怎麼賺大錢，自己的心智與方向就跟著忽左忽右蛇行。

我可沒有那麼多的空間去處理道理，把真理過濾出來，單純又專注地重複去做，也就會更接近你想要的目標。

問問自己：「我要什麼？真正做什麼事我會很快樂？」用「心」反而會看到很多用眼睛看不到的東西，我說的不是鬼神那種喔，而是內心深層的需要，是做任何事的意義。

以個人來說，我會覺得把使命做好很重要，你要給自己使命，不管這種使命感是建立在為了個人、家人或是你的員工身上，使命必達會讓你變得有目標、有價值、能堅持。

靈性思考，放下我執，抓住真相

大部分的人會做的事情是自己相信的事情，源於信念所以去做，然而，要命的問題是，你所相信的、你緊抓不放的信念，到底是「我執」還是「真相」？萬一，長久時間以來，你抓住的是我執，豈不糗大了。

甲農夫與乙農夫都繼承了一片廣大土地，甲農夫相信要把土翻鬆了，才能讓種下去的菜苗生長得更好，於是拿了把鋤頭，勤於翻土；而乙農夫小時候聽到大人聊天時的玩笑話，堅信橘子樹下有老祖宗藏的一箱黃金，拿把圓鍬日以繼夜挖洞，讓兒子把挖出的土用吊桶給吊上來，父子合作挖到五公尺深時，還沒見到寶藏，他不死心，帶上乾糧又繼續挖，挖到九公尺、十公尺……，最後筋疲力竭地爬上來，發現鄰居甲農夫的土地上已種滿了蔬菜。

甲農夫相信的是真相，乙農夫認定的則是我執，真相能幫助你，我執則讓你死命抓住不存在的東西，結果徒勞無功。為什麼有很多人認為他的付出及努力，都沒有得到應有的回饋，或許就該去思考，你到底抓住的是我執還是真相？

我是業務出身，從與人交手經驗中，慢慢感覺銷售的技巧，我也會看行銷的書、聽行銷高手的演講，但曾經一度覺得實際執行時似乎沒有那麼順暢，不曉得原因出在哪裡，後來我個人覺得，原因就出在我執。

我執跟真相最大的差別，是訊息數量的多寡；比如當你要下一個決定的時候，若你的資訊來源只有兩個管道，但別人的資訊來源卻是一百個管道，然後再解析出結果，你覺得哪個準確度會比較高？當然是一百個，這就跟樣本數太少，會影響統計的準確性一樣。

但是訊息多難道不會有混亂的情形？當然會啊！樣本數過多，同樣也不利統計的準確度。所以這個過程就是要透過腦袋，以及靈性與心理狀態去幫你做出正確判斷，靈性銷售很少在行銷學裡出現，可是我真的覺得是如此，有很多時候沒有為什麼，但你就是會做出一個對的選擇。

市場上很多專家擅長做分析、比較、判斷，但重點最後是誰在做決定？答案是你自己的心。舉個例子，現在大部分人都在用智慧手機，而造成世界進入智慧型手機時代的人是誰？賈伯斯。他會用一種模式，要求工程部、成品部，將多支手機擺放在他面前，他看哪一個感覺對了就抓哪一隻；若他覺得感覺不對，就命令屬下重做。

這看似沒有道理可言，但現在的 iphone 就是這樣被挑選出來的，如果他當初選擇的是滾輪操控而非觸控螢幕的 iphone，或許 iphone 就不會風靡世界大獲成功，今日的手機歷史就會被改寫。

賈伯斯博學多聞、追求完美，是個極有天分的產品挑選者，能從一堆不成型的點子中看到未來流行的趨勢。他對於審美有一定的追求，iphone 簡潔美感的工業設計，也是讓果粉趨之若鶩的原因之一。

賈伯斯在評價廣告商為蘋果做的廣告時，只有「我喜歡」或「我不喜歡」兩種，這種企業家對產品與市場的直覺，當然要倚賴過去的經驗，但他想要讓這個世界上的人們發生一些改變的追求，就是他靈性的一部分。

靈性確實也是一種直覺，直覺從哪裡來？有從過去很多經驗所累積而成，有不斷修煉而成，再一點就是：喜歡自己，這是靈性的原點，當你不相信自己、不喜歡自己的時候，往往給你很多訊息，你的直覺也不一定是正確的。

你心裡面的聲音說了什麼？聽不清楚嗎？那麼或許你需要靜下心來，與心的感覺連結。

正確的環境是幫助你改變的正確媒介之一

一般家庭廢水在流經生態池系統後，由於池中微生物、水生動植物，例如水芙蓉可吸收汙染物等的自然淨化作用，能讓水質變得乾淨。

生態池就是個媒介，創造出一種自然環境，讓廢水變淨水；相同道理，人想要從陋習中脫胎換骨，也需要媒介；正確的媒介包含兩大元素，一是正確的環境，二是時間的作用力。

讀者打過保齡球嗎？高手能抓舉適合自己的磅數，瞄準想要行進的軌道往前扔，咚！滾阿滾的，一舉擊倒球瓶；但是，一般程度的人，即使分明朝著球道盡頭處的目標用力一丟，保齡球在行進過程中，卻會從原先的快速轉動，速度逐漸變慢，然後可能就偏離球道，結果只擦撞到一、兩顆球瓶，甚至洗溝抱鴨蛋。

人其實跟打保齡球很像，百分之八、九十以上的人都有惰性，剛開始滿腹衝勁，就像新年做年度計畫，總有一番雄心壯志，想完成大目標、大躍進，但逐漸地就會被懶散的慣性給拽住，緩緩失去動力，甚至偏離航道。

想要改變，就需要處在能「驅動自己的環境」中，因為環境能讓個人意識有所轉變，就像有人非常不愛戴帽子、討厭穿厚重的外套，冬天也總是穿著薄衫、短褲趴趴走，但把他放到南極去看企鵝，零下四十度還能堅持不戴帽、穿薄衫短褲嗎？

環境永遠大於個人意志，環境改變，人的行為也跟著變；所以必須要給自己正面的磁場、正面的環境。

正面環境通常哪裡比較多？答案是學習的環境，我相信很少老師會把不好的東西丟出來，他會盡己所能把好的訊息、生命的體驗更多地分享給學生，學習的環境就會成為能量的源頭。

世界排名第一的網球選手，沒有任何教練能打贏他，但為何還是需要教練指導呢？第一點，當局者迷，旁觀者清，教練能從旁看出選手練習時的問題，加以矯正或擬定訓練計畫。再一點，就是督促的作用。

所以有句話是這麼說的：「教練就是殺掉你的理由跟藉口的人」，每當你喊著我想放棄，我做不到的時候，教練會拿起球叫你再繼續，不要懶！

我當初創立教育訓練團隊時，主旨不是給予學員knowledge，因為講理論不是我的目的，我更希望的是做個驅動者；很多人懂成功，書也看很多，為何不成功？就是少了一個關鍵：習慣。

每個人目前的成就都是習慣造成的，我要透過三天課程讓人察覺自己的習慣，三個月課程操練養成習慣或改變習慣；教練其實就是一種陪伴，藉由這樣的陪伴與激勵，驅動他們實現夢想。

希望大家要有意識去找到對的環境，而不是無意識放逐生命。

陪伴你的教練也可以是身邊的人，例如家人或是可以互相鼓勵的好友，只要對你而言，是個驅動者就可以。如果身邊沒有能叫得動你的人，不妨尋找專家。

因為從平凡要變成卓越，中間會卡住的原因，就差在基本功，而教練的級數，會決定選手的表現。各種領域的大師之所以會成為大師，表示在該領域是最頂尖的，名師出高徒，找到最適合你的學習及激勵途徑，你就會離成功更近一些。

注意：你不可以去相信一個連自己都沒有教練的教練，因為這樣的人不相信教練，所以他在教練位置時不會有能量！

環境永遠大於個人意志，環境改變，人的行為也跟著變，所以必須要給自己正面的磁場、正面的環境。

想脫胎換骨就需要時間做為媒介

買電器有使用說明書，但人只有出生證明，沒有使用說明書，為何有些人能把自己的人生過得非常好呢？因為他們明白要怎麼使用自己最好，換句話說，就是懂得將自己調整改變到最好的狀態，並發揮優勢。

任何一種成長蛻變都不是像午後雷陣雨一樣說來就來，而是需要時間，就如同冰滴咖啡，需要時間慢慢萃取，也如同醇香老酒，需要時間慢慢發酵。

學一門外語也要時間，剛開始懵懵懂懂，因為不確定而不安，等過了學習的臨界點，領悟文法及熟悉常用單字後，就會有「啊哈！我懂了」的感覺，愈來愈自信之後，進步就很快。

幸福也需要時間，就算再怎麼一見鍾情，也不可能霹靂閃電般，拉著跑去結婚吧？還是需要時間結識交往，逐漸加深感情，需要時間互相遷就做伴，才能白頭偕老。

所以我常跟學員說：「我可以給你快速，但不能馬上。」例如，如果你過去三年賺了三千萬，如果我讓你一年賺進三千萬，這就是快速，但終是需要時間，而不能馬上。啟發並驅動自我成長，就猶如踩油門，能讓不動的車子快點出發，但即使是開超跑法拉利，也不可能一秒就到目的地，不是嗎？

其實我渴望的是，學員不是只有這三天或課程的時間在教室裡面學習，我更在意離開教室之後，到底對他們的生命會不會有一些不同，課程只是個工具，你只是來找尋一些工具，重點是上課結束後，要怎麼運用到你的生命中，有沒有足夠的時間來讓它發酵。

希望讀者無論透過哪一種方式尋求自我成長，都一定要記住，想要迎來真正脫胎換骨的新生力量，請耐心給予時間，持續、堅持。

還有一種時間的媒介，指的不是長度，而是時機。

以許漢宗的故事為例，古人常說成家立業，他三十歲後轉變的關鍵點，是因為女友（現在的妻子）懷孕了，當時漢宗窮困潦倒，但女友卻願意嫁給他，女友的爸媽（現在的岳父岳母）也不嫌棄他，同意這門婚事。

過去漢宗因事業一再失敗，加上自小的家庭背景，讓他有很深的自卑感，但成為一家之主後，家庭責任感令他覺醒，上激勵課程時更投入學習，並且積極運用操練於生活及事業上。

從課程中獲得啟迪，漢宗重新審視自己，發現源於破碎家庭、父親又疏於照顧的成長過程，讓他容易產生比較消極、負面，甚至是委屈的受害者情結。正確認識自己之後，他改變性格，無論別人是用很汙衊或其他不友善的態度，他都會提醒自己必須用正面的想法去對應，也開始幫助像他一樣成長背景的孩子。

抓住轉變的契機，勇於承擔家庭及社會責任，這就是漢宗從魯蛇翻身為成功企業家的原因。

不要怕自找麻煩

漢宗從克服駕駛手排貨車的恐懼，體悟人生。

故事要往回溯及他服兵役期間，漢宗不會開車，卻被指定擔任駕駛兵工作；他回憶，當時的老舊軍車都是手排檔，手排車很難駕馭，他一邊學開車，一邊還得負責修車，對他而言，這職務真是門苦差事。

某次軍事操演，一等兵的他必須載著裁判官出勤，這位少校一臉嚴肅，又是軍隊傳言中很嚴格的人物。漢宗開得膽戰心驚，未料軍車的剎車竟出了問題，為避免衝撞到一般民眾的車輛，他選擇撞樹來止住車速。

當時他完全不懂得換檔、交互踩離合器，也沒有減低速度來輔助剎車，就這麼硬生生攔樹腰撞上。

闖禍以後，漢宗心想這下糟了，肯定會受到嚴厲處分。沒想到，長官觀察他的個性，覺得他不會故意惹事搞怪，所以並沒有究責；不但沒有懲罰他，還因為營長很少用車，被改派負責營長座車，因禍得福換了個涼缺。

讓他更料想不到的是，數年過後，為拯救岌岌可危的事業，宣傳自己的美髮沙龍，他不得不克服對駕駛手排車的心理陰影，認真學習如何開車。

這過程他曾有過抗拒，不想去做不擅長、覺得害怕的事，但這種小聲音一冒出頭，立即被公司生存的大問題給壓下去；是啊，危急存亡之際，處於恐懼狀態如何能超越逆境。

這也說明了，當把焦點放在更重要的事情上頭，就不會把時間精力浪費在無謂的恐懼上。

漢宗想通了一個道理，不安恐懼是出於感性情緒，但想達成宣傳目標，理性就會逼迫自己去駕駛手排的廣告小貨車。

適者生存、弱者淘汰，一如野生動物不斷進化，像是羚羊跑得飛快或是像刺蝟長出針刺，都是因為生存壓力轉變成能自救的競爭力。

人生很多時候，常得勉強自己硬著頭皮去做，自找麻煩反而能開發技能或潛力。

找出你真正的天賦

一九三九年，美國一家社區小酒吧內，爵士鋼琴師、貝斯手與吉他手合組的三重奏正在表演；突然，有個醉客打斷了他們，他大聲指定要鋼琴師唱歌。

鋼琴師回答：「抱歉！這位客人，我不是歌手，不唱歌的。」

「我就是要他唱，來唱首《甜蜜的洛林》（*Sweet Lorraine*）！」醉客很堅持，對酒吧老闆提出無理要求。

老闆擔心得罪客人，跟鋼琴師說：「你若不想被炒魷魚，就乖乖唱吧。」

鋼琴師迫於無奈，只好高歌一曲，結果一開口便一鳴驚人，令在場觀眾如痴如醉、歡聲雷動，特有的渾厚磁性嗓音也很快聲名遠播，吸引美國廣播電台找他做節目，紅遍全美。

他，就是美國音樂史上非常重要的爵士歌手及音樂家——納京高（Nat King Cole）。

醉客的無心插柳，改變了納京高的命運，要不是為了飯碗被逼得開口一唱，或許納京高永遠不知道自己過人的歌唱天賦，而一直以為自己只是名演奏者呢。

你擁有的看家本領，或許還沒被你挖掘出來。

還有另一篇故事，我在某本書中看過，印象非常深刻，那是一個男孩執著於揮棒的故事。

小男孩很喜歡玩棒球，但是沒人陪他玩，他只好自己拿根球棒、拿顆球，把球拋向天空，等落下後再揮棒，如此自投自打一直重複做打擊練習。

可是他始終打不到球，每次都揮棒落空。

他告訴自己，「我要成為偉大的打者，下次一定要將球打出去。」

到第十次了，他還是揮不到，他覺得不能放棄，繼續練習打擊，「我一定要成為非常偉大的打擊者」。

一個下午過去了，他依舊沒有打出去半顆球。

小男孩沒有沮喪，豁然開朗，轉念一想，「原來我投球這麼厲害，我是一個非常偉大的投手。」

小男孩的故事讓我很感動，不放棄去嘗試、不放棄夢想是很可貴的；但是從另個角度想，你的天賦或許不在此，過於執著會變成我執；上帝沒有幫你打開門，但你找找看，是否給你留了一扇窗呢？不一定非要堅持這個跑道，隔壁那條或許更適合你。

同時話說回來，我認為，一定要像小男孩一樣「先行動」，才知道自己適不適合，而不是沒做之前，光是計算評量自己適合這個、不適合那個。這種冥想的假設法還是算了，你連做都沒有做，能算得準嗎？除非你有顆能預知未來的水晶球，否則起碼要做到不斷實證再得出結論吧。

我很喜歡一句話：「承諾加行動才會引發支持」，如果有效，別人會繼續為你加油按「讚」，沒有行動哪會知道有沒有效。很多人喜歡空想，想到最後自己被自己的想法給嚇死，或是自己把自己的路給堵死了。

這個故事也有另一種啟發，不管外界的人如何看你，就算別人覺得這小孩打不到球不是因為投太好，只是單純的不會打擊也不會投球，重點在小孩自己對自己有沒有信心？不要連自己都沒辦法相信自己是一個好的投手，當別人覺得你不行的時候，你就真的不行了嗎？不要因為別人的不看好就輕言放棄。

找到自己的關鍵天賦，這是上帝給你的禮物，善用與生俱來的能力，能讓事半功倍，為你帶來效益。

你的天賦或許不在此，過於執著會變成我執；上帝沒有幫你打開門，但你找找看，是否給你留了一扇窗呢？不一定非要堅持這個跑道，隔壁那條或許更適合你。

假如沒有得到你要的，你將得到更好的。

幸福・財富

一次拚出來的簡單實用法則（四）

你只要跟我一起改變原有的「負面信念系統」

信念：借力使力，不費力

找一個有使命、有能量的環境，透過外在的協助或潛移默化，可以快速提升百分之八十的成功率。就像生病時去看中醫，一開始醫生會為你把脈，才能清楚地知道你身體真實的狀況，對症下藥；所以透過專業的協助很重要。如果你只想靠自己，就像你現在把你的右手舉起來，為自己把右手的脈，這樣把得到嗎？是把不到脈的；或是像很多人喜歡用自己的頭腦去檢查自己一樣，會有盲點。

練習

①練習讚美自己十個特質，不管是個性上、行為上或外表上。自己看不到時，閉上眼睛回想從小到大，你感到無比榮耀的那一刻，找到能激發自己生命熱情的開關，而且愈大聲愈好！

②問自己還有什麼可能性。找個教練吧！他們會像幫你打預防針一樣，雖然會有一時的不舒服，但卻能換來你要的健康（免疫）與成功。

Part 5

成功事業基本三條件

打造成功事業的三項元素，一、可以改變人們的命運；二、是有趣的，三、要能賺錢。這其實說的，就是在創造工作的價值。

★輕鬆富有，有三多：①認識的人多不多②喜歡你的人多不多③會全力支持你的人多不多。

★當心房簡陋不堪時，會拒絕別人進來，很可能因此把貴人擋在門外了，但是當你將心房變得豐盛，並願意打開來，邀請成功的人來拜訪，他們可能會為你帶來很棒的人生禮物，你的心房也會變得愈來愈豐盛。

★在通往成功的路上，往往需要耐得住寂寞的專注。

★選擇所有光芒在自己身上的模式也可以，你是一個最厲害的人，但是一×一×一×一×一還是一，那如果五×五×五×五呢？這就是團隊的力量。

★紀律是什麼呢？我認為包含兩要件：第一個是自律，第二個是規律。

專注教育訓練領域二十多年以來，認識許多世界大師級教練、成功企業家，從他們身上汲取了寶貴的人生經驗及價值觀，受益匪淺，其中一位是目前全球最大最權威的培訓機構「成資集團」的創辦人、教育訓練經紀商董娘Veron。

有一次碰面，我私下向她請益，「Veron啊，你真的很厲害，是怎麼做到很短時間就能攻克許多國家，事業版圖擴及全球，而且有這麼多優秀大師級人才都願意跟你配合？」

Veron跟我分享她的觀點，她認為事業能成功需要建立三項價值觀。第一，這個事業可以改變人們的命運；第二要覺得有趣，第三，回歸到現實面，要能賺錢獲利。

這段話令我深受啟迪。

或許有讀者會說，「她是大企業家，做的是大事業，我又沒有開公司，這些對我沒用吧。」

如果你這樣想，就大錯特錯了。想麻煩讀者，以及所有正在創業的創業家一件事，請眨眨眼好嗎？

謝謝！我相信每位讀者應該都眨眼了吧。

為什麼？譬如你叫郝勝利，那你就是「郝勝利人生有限公司」的老闆啊！在你的人生旅途當中，你自身就是一個平台，所以身為老闆的你是不是應該努力把自己經營得更好，擴大「郝勝利人生有限公司」的利多呢？

無論是當人家的老闆，還是做自己人生的頭家，想要有成功的事業，我認為除了以正確的價值觀去創造工作價值外，根據宇宙自然法則，能量強的會吸引能量低的，所以保持高能量、優化格局、打造冠軍團隊（或成為冠軍團隊的一份子），是助己事業致勝的不二法則。

把握成功事業三要素，創造價值

我們再回頭看上述Veron所說的觀點。打造成功事業的三項元素，一、可以改變人們的命運；二、是有趣的，三、要能賺錢。這其實說的，就是在創造工作的價值。

我想倒著說回來。第三點「賺錢」，我想沒有人會不同意。以企業來說，公司有盈餘才能維持良好營運；從員工個人角度，所有的豐盛富足生活，必須要有物質來支撐，收入就是生活中柴米油鹽基本開支，以及提供心靈「小確幸」的來源。

以我的情況而言，我的公司必須先是能夠賺錢的，才能讓學員信服；如果經營得不好，人們會有很多懷疑，前進的動能就變得更低。這就是我跟金錢的關係、我經營事業的想法，金錢對我來講，代表的是可以影響更多的人。這話聽起來有點冠冕堂皇，但我真心這麼想。

第二點「要有樂趣」。巴菲特說：「我六十年來都是跳著踢踏舞去上班，因為做著自己很喜歡的事，我非常非常幸運。」

我本身也很樂在工作，自問一百遍的話，真的有九十五遍以上會很自信地回答：「從事這份職業，我還滿enjoy的！」

人有三分之一以上的時間都在工作，如果工作只是為了賺錢，很容易疲憊；能做熱愛或是夢想的職業真的很幸福，我非常喜歡看到並聽到很多我的學員，因為我們的服務讓他的事業、家庭或團隊有很大、而且實際的成長突破！這讓自己很有成就感。只是，很多人不見得很明確自己的夢想，儘管有，也有個迷思誤區，即「喜歡做的，未必等於做得到的」。

所以可以在夢想、天賦、專長之間衡量選擇，從事能發揮特長的職業也很好，因為更容易產生成就感，進而獲得工作的樂趣。

萬一沒有特別的天賦與技能，也找不到理想職業，那麼可以試著從無趣的工作中，用正面思考的角度去找樂子，例如跟同事維持良好關係、從工作的小細節、小目標中找尋成就感，或者培養工作以外的興趣，例如一位教導我的世界級行為科學大師，他在成為大師前，原本是加油站的加油工，每天工作時，總是很熱情、笑口常開地面對每一位來加油的人，讓一個當地廣播電台的老闆注意到了他；有一天這位老闆專程跑到加油站問他：「我的一位DJ要辭職了，你可以到我的公司上班嗎？因為我看你每天很開心，一定可以勝任這份工作，把歡樂帶給別人。」就這樣，他往成功不知不覺又邁前了一大步。

至於第一點「可以改變人們命運」，這句話聽起來很神聖，也是我覺得最重要的價值觀。根據國外學者研究發現，大部分對職業倦怠的人，都是因為找不到工作的意義，而一旦覺得自己的工作能對別人產生貢獻，反而能因得到滿足感而變得積極。

我從以前追逐財富卻感覺成為錢的奴隸，到現在能夠做得很開心、很快樂，是因為我找到了用「使命感」來取代原先「賺錢只是想得到別人重視」的動機；我的使命就是用「善」知識讓全世界豐盛富足，因為「教育」是能改變人們命運的途徑，看見別人的改變是我成就感、喜悅的源頭。

看到這裡，讀者可能又在心裡犯嘀咕了：「『改變他人命運』聽來太宏大，我哪有本事做到！」

其實，從微觀的角度，這觀點代表的是能對別人有所幫助。青年守則第六條是什麼？答案是「助人為快樂之本」（能回答出來的讀者應該跟我差不多年紀，哈！）。從心理學分析，幫助別人所產生的快樂，比自己的高興更能夠長久。

每個人都可以找到屬於自己的使命感，創業頭家對自己的員工負責、做到讓顧客滿意；行銷業務相信你的產品，無論是保險、房屋買賣、消費商品，能讓人過上更優質、更舒適的生活；從事服務業的，能用你的專業讓客人點頭微笑。

即使是一般事務或勞動，每個小螺絲釘都有存在的意義，要讓超過二十萬公斤的客機飛行於三萬五千英呎的天空，任何一個零件都有它不可少的作用。

收集這三項要素，只要有心創造工作的價值，相信你也可以擁有成功的事業、向上成長發展的職涯。

打造你的成功格局

將近二十年前，有一個學生在上我的精英會課程時，問了我一個問題：「黃老師，請問一下，現在買股票應該要買哪一家？」

那個時候其實我自己是不買股票的，但是平時會閱讀商業書籍，對於財經資訊、各大企業的發展概況及經營者的管理風格也多有關注。

我向他建議：「可以考慮買鴻海這支股票，因為我認為鴻海董事長郭台銘先生對於事業的意圖及企圖，具有很不可思議的毅力與魄力。」

多年之後再一次見面，這名學員突然跟我說：「黃老師，你上次教我買股票，還記得嗎？」我當時一愣，壓根忘記這件事情了，他接著說：「鴻海這支股票讓我賺翻了，實在很感謝老師！」

學員能賺錢我當然開心，不過別誤會了，我不會報明牌，也不是股票投資顧問，會這麼建議，是因為我覺得從經營者的人格特質、心智格局、思維眼光等，能看見這家公司有沒有願景，而這些其實已經控制了這家公司營收的好與壞。

相同理由，打造你的成功格局，一旦把自己的能力、態度、思維等綜合條件經營成績優股，上司、顧客就會看見你的潛力，願意在你身上押寶，給你出場的機會。

我常說，成功需要有三多，「想成功，人脈很重要，問問自己認識你的人多不多？曝光讓更多人認識你重不重要？答案相信是肯定的！只是如果很多人認識你，但對你印象不好，你是無法成功的，所以你需要第二個元素，就是：喜歡你的人多不多？你一定要讓別人喜歡你，這樣顧客的滿意度一定可以變得更高！只是，光有滿意度，要符合「輕鬆」轉換成績效或業績，還是比較辛苦的！所以，要「輕鬆富有」的條件就是要符合第三個條件——會全力支持你的人多不多？這些人是你的鐵粉，也像是家裡的父母親或股東一樣地支持你，你做任何事就輕鬆了！而且快速！目標顧客群中有愈多股東型鐵粉，就像一根根架構好的人脈水管，水龍頭一開就會幫你帶進錢財來！

別人為什麼願意像鐵粉一樣全力支持你？當然是因為信賴感。而能取得信賴感最重要的就是高品質。

每當公司業績處於高峰時，只要開會，我最常重複告誡同仁的三個字是

「高品質」。豐田神話之所以一度面臨倒塌，就是因為把原來第一要務品質更改為創新，所以新車型大量出現銷售量快速提升；但也因為把品質擺在最後，所以就出事了。站得愈高愈要警覺謹慎，踏穩每一步，萬一滑落，要再爬上去會非常辛苦。品質才是有效維持一定高度的基礎。

經營之神王永慶說：「人的品質也會呈現在做事的品質上。」我立了一個自我品管的口號，每當完成一件事情，就會問自己：「我還有什麼地方可以做得更好？」藉以警惕自己。

優化你的格局、做出高質量，就能提高事業績效的致勝率。

可以在夢想、天賦、專長之間衡量選擇，從事能發揮特長的職業也很好，因為更容易產生成就感，進而獲得工作的樂趣。

永遠要相信有可能性

這世界不是非黑即白二元分法，我經常跟學生說答案不是只有對或錯，而是好用或不好用，沒有絕對（註：你覺得北韓是法治還是人治的國家？美國是人治還是法治的國家？其實北韓是人治大於法治，美國是法治大於人治）。不偏頗的中庸之道，也代表著無限的可能。

當你下班回到家，看見客廳地板上躺著兩張大鈔，一張一千，一張五百，要撿哪一張？當然是兩張都撿啊！多一些答案，是不是就多出一些路徑了。

二〇一四年我應布萊爾．辛格之邀，去爬非洲第一高山（世界第三高峰）——吉力馬札羅山，在杜拜轉機時，由於轉機時間將近十二個小時，便打算到機場旅館稍做休息，順便處理一下公事。

過境旅館位於機場五、六樓，當我與翻譯抵達五樓，電梯門一開，看到地面堆著好多行李，幾個小孩跑來跑去，一群人鬧哄哄的。我請翻譯去跟櫃檯人員訂房，沒多久，他回來轉述房間已滿，兩個人只好下樓去 shopping mall 消磨時間。

逛沒幾步，我突然停下腳步。「不對啊，六樓我們沒去問。」

「但是五樓櫃檯已經查了，就說了沒房間，去六樓也沒有用呀。」翻譯理所當然地說。

在我堅持之下，他百般不願意，兩人還是回到了六樓旅館，六樓大廳安安靜靜的，只有一名工作人員站在櫃檯後方。我們向她詢問有沒有空房。

「有的，正好有一間客人退房了。」工作人員查過電腦之後說。

「看吧，你就是沒有來上我們的課，才會這麼容易放棄。」我跟翻譯開起玩笑來。

這個例子告訴我們，當你自己都覺得不可能的時候，就意味著失去了很多可能性。不是都說失敗者的路上充滿了丟失的機會嗎？為什麼呢？就是因為失敗者的眼中看不到這些機會的可能性啊！

許漢宗在事業發展脫胎換骨之後，以切身之痛感悟到：「很多失敗的人因為自卑，不太敢跟成功者互動。而且很多失敗者對成功的人都不懂得去欣賞，就是一種不以為然、不屑的心態，或是特意去找人家的缺點。簡單說，就是酸葡萄心理。」

心房就像你現在住的房子一樣，「匱乏」就是當你自覺房子很簡陋、家徒四壁時，就會畏懼邀請客人進門來坐坐，同樣的道理，當心房簡陋不堪時，會拒絕別人進來，很可能因此把貴人擋在門外了，但是當你將心房變得

「豐盛」，並願意打開來，邀請成功的人來拜訪，他們可能會為你帶來很棒的人生禮物，你的心房也會變得愈來愈豐盛。

現在還站得不夠高沒關係，可以先站在成功者的肩膀上，學習他們的眼界與高度，看到無窮的可能性。

彼得．杜拉克說：「想像未來最好的方式，就是去創造它。」賈伯斯也不確定自己是否能改變世界，但他相信自己；運動員在迎向終點時，是展開身體的，所以，盡量擴大自己，施展你的抱負，去擁抱你的可能性。

鍛造鋼鐵般的專注力與堅持

成功人士畢竟還是占社會少數，想要在一堆人之中拔尖，必須選擇正確的路，接著，行動永遠比不動來得強，最後還必須要克服的一件事，就是專注。

光是專注，就是一個很重要的成功。

鋼鐵大王安德魯．卡內基（Andrew Carnegie）在一次演說上表示，經營自己就像經營事業，應該將精力、想法和資本集中於主要業務上，強調專注與聚焦；如果把雞蛋分散裝入好幾個籃子，只會讓人顧此失彼，應該要把所有雞蛋放在同一個籃子中，然後看好它！（註：理財有不同的論點）

7-Eleven 熬過慘澹經營的七個年頭才轉虧為盈，成為最具影響力的超商；在通往成功的路上，往往需要耐得住寂寞的專注，容許「擁有成就」需要時間。

創業的旅程有時候會突然懷疑自己這樣做到底對不對，也會覺得沒有人認同你，尤其是冷門或創新的產業，有時會感覺自己跟主流思想不同，如果不堅持、不專注，會有很多衝擊，所以個人的人格特質有沒有裝備好，其實很重要，你所投入、所付出的終究會回到你身上。

台語有句話「樹頭徛予在，毋驚樹尾做風颱」樹根夠穩固，就不必擔心樹梢被颱風吹襲；專注，就是在向下扎根。

對我而言，我會去尋找有高效率的制勝法則，而不求快速的成功，因為我不想要建立一個像空中樓閣一樣容易垮掉的事業，所以寧可花更多時間在扎根。例如代理布萊爾．辛格的教練系統，照理來說，拿到代理應該就要在合約期內盡快銷售，但第一年我只做幾件事情，就是中文化以及教材的落地，完成之後第二年開始去培養教練群。

師資群完備後，我與團隊策劃了多場大型活動，因為光是用廣告行銷，我認為不夠具有說服力，必須讓人現場清楚了解系統的特色與優勢。

從拿到代理，一直到成功銷售，這每一步都有進程，都需要時間讓它開花結果。

很多人做事業太猴急，急著看到成果，在過程中失去耐心，等不及了就想跳過一些步驟，或許短時間內能快速進帳，但破綻會隨著時間愈裂愈大，賺來的終究又會流光。

我個人很喜歡的兩個企業家，一個是郭台銘、一個是王永慶，他們雄偉的事業王國，真的是扎扎實實，一步一腳印成長起來的。

精準定位，抓住核心目標群

理財投資與策略大師經常說：「不要往人多的地方去。」人多的地方不是不好，要看進場時機及自身優勢，只要時間切入點好，就能順時勢而為，立足搶占商機，反之，一旦獲利限縮，就會像擠成沙丁魚超載的電梯一樣，警報聲響起，晚來的只能自己摸摸鼻子出去，更慘的是，搞不好會賠了夫人又折兵。

有太多潮店因擴張過於快速而倒閉，例如二十年前台灣的蛋塔效應，因門檻低、加盟沒有控管，導致讓許多夢想創業的人的心血付之一炬；看中熱潮，想要快速複製仿效，很容易像堆骨牌，大家乖乖排排站，一推就倒。

那人少的地方就好嗎？也未必。除非能找到獨門生意，另闢蹊徑。無論是在冷門裡挑夯品，或是在熱潮中想異軍突起，找準定位、建立特色，辨識度會產生加值效果。

我在事業立足之後，以穩中求勝的原則把版圖擴大。無論同業在做什麼，我都不會緊張，為什麼？因為我清楚知道我的團隊特色與定位。

根據埃德加．戴爾（Edgar Dale）的「學習金字塔」理論，以學習語言為例，最低階的是被動式學習，包括閱讀，兩個星期後僅能記得百分之十的內容，看影像演示、現場觀摩能提高至百分之三十五，而主動式學習的初階：參與討論等，能達到百分之八十五，最頂尖的一階則是「玩真的」，動手做、親身體驗可以達到百分之百的效力！而我們課程的特色，就是以「玩真的」的實際操練方式，幫助驅動學員實現夢想。

我的定位也很清楚，好比「社會學校」，初階班學員是先解除文盲，從跟人互動應對進退的基本，讓學員清楚知道自己的定位，能夠發揮所長在職場社會占有一席之地；幫助學員hold住內在的能量，展開之後的深造，就能像上國中、高中、大學、研究所一樣成長。

我常說我們上的不是課程，是一條往前的方向與道路，是個指引與路上的陪伴。

無論是哪一種行業的將才精英、大老闆企業家，都保有持續學習的好習慣，來應付職場、生意場上的生存戰爭。而就像上學時代，看書看累了，這時媽媽煮上一碗麵當宵夜，或是給你送罐雞精貼上「加油！」的便條紙，就又會感到精神百倍。

我團隊的存在就是在這個過程中讓學員覺得不孤單，支持他們前進的力量，提醒他們不要低頭拉車，要抬頭看路，在想要放棄的時候，讓他們看到希望。

定位精準，即使沒有創業，身為職場人的你，也必須把自己當做個人品牌經營，不管是菜鳥還是老鳥，要想提高在職場野蠻叢林的競爭力，都需要找出自身的優勢與賣點來。

對我而言，我會去尋找有高效率的制勝法則，而不求快速的成功，因為我不想要建立一個像空中樓閣一樣容易垮掉的事業，所以寧可花更多時間在扎根。

宇宙能量法則，磁吸成功因子

記得剛認識布萊爾．辛格時，他跟我講了一個原理，「如果要賺錢的話，不是學心理學，是要學物理學。」

這可有趣了！對當時的我來說是很新鮮的觀念，了解意思後才明白他的道理所在。

說到物理學，我通常會做一個示範，抓起一件物品，然後手放開，請問讀者，這物品會往哪裡移動？「小學生都知道當然往下啊。」是的，為什麼呢？因為地心引力。

人活在地球上，永遠要遵循一個法則，就是宇宙定律，也叫做自然法則；在地球上永遠是能量強大的，會吸能量比較弱的。地球能量因為不斷自轉而產生強大的能量，所有東西都會被它吸附住，當地球不自轉的時候所有東西會飄移、漂浮，也許地球就是有這樣的轉動，才能孕育這麼多生命，不然所有東西都漂浮，沒有辦法著床、沒有辦法發根、種子也沒辦法生長。

我常問學生一個好玩的問題，「在地球上，桌子跟椅子最起碼要幾隻腳才可以站立？」很多人都會回答三隻就夠了，「是的，沒錯。那你現在是用幾隻腳站立呢？為什麼人兩隻腳就可以站立了？」

「因為我們是人。」這是許多學生的答案，而我有不同的看法。

像我一樣已經超過四十幾歲以上的人，往後日子跑哪個地方會比較頻繁？

醫院？銀行？廁所？

不是，我要說的是跑殯儀館，因為長輩或是同仁朋友的長輩年紀變得比較大時，收到白帖的機會變得很多。

躺在殯儀館裡面的人，站得起來嗎？他也是人啊，死人與活人最大的區分，在於生命能量的有及無；而還不會走路的小小孩雖然有能量，可是當他沒有穩定度的時候就會跌倒。

再譬如小時候玩過的一個童玩：陀螺，當陀螺旋轉時只需憑一隻腳就能站得起來，就是因為有能量。

按照這個簡單的原理，用在每一個層面都是行得通的，包含了生意上的往來，永遠是能量大的會成交能量小的，永遠是能量大的會吸引能量小的。

所以如果想讓你的團隊、你口袋裡的錢變多的時候，第一個步驟就必須讓自己的狀態是更有能量的，就能產生磁吸效應，把對你有助益的人事物，甚至是好運及成功的因子給吸引過來，決勝關鍵就是你的內在能量。

感謝失敗讓我成長

什樣的人是能量高的人呢？就是持續學習、內在豐盛、想法正面、態度積極，精神奕奕充滿活力，讓人忍不住就想親近，自然而然產生信賴感的人。

我們的外在物質世界（也就是你目前所創造出來的，包括家庭幸福、財富，還有身體健康、人際關係……等等），都是由自己內在的世界所投射出來的。我想舉個淺顯的例子，有時候朋友知道你看過某部電影，會問你覺得那部電影如何？通常我們會做一些心得分享；為什麼我們可以分享？是因為我內心有了感受或是體會，換句話說，當你「有」的時候才可以分享。

能分享代表你內在是豐盛富足的、很有料、很有東西，對這個世界是有貢獻的，所以會得到需要的東西；而在二元世界，豐盛富足的另外一面叫做匱乏。

你的內在如果豐盛富足，就會有高能量，有一些人可能做的事情和投入的時間沒有很多，但是財富累積得很快而且愈來愈輕鬆；有些人拚死拚活，很賣力、認真工作，但是有可能賺不到很多錢，也可能賺到錢但是口袋像是有一個洞，錢一直不知不覺流出去，所以內在的豐盛富足是非常重要的。

透過學習，可以讓你的內在像看電影一樣吸收到許多東西，進而使得內在變得豐盛富足，能量也會變得非常高。

話說回來，按照自然宇宙定律，有高能量，也會有低能量，人的情緒、頻率、生命旅程會高高低低，不斷震盪，高的時候意氣風發，跌下來的時候會感到疼痛。

透過覺察力的訓練，可以讓你對負能量的形成更敏感，當潛意識被暗黑的負面能量吸附住的時候，掌握十二秒的逃生機會，及時切斷，轉換心情。

一旦產生負能量時，也無須恐懼。哈福．艾克說：「所有外在的物質世界，都是內在所投射出來的。」一個人內在狀態與心態，可以決定你跌下的疼痛程度。

布萊爾所謂的「感恩練習」，就是要由豐盛富足的角度去投射它，當抱著「感謝失敗讓我成長」這種心情的時候，即使受挫跌倒，也會像有張墊子保護著，能減輕你的疼痛感，幫助你更快恢復能量。

一旦產生負能量時，也無須恐懼。你只要拿出「感恩練習」，把你身上散去的能量粒子，透過「感恩練習」吸收回到自己身上，就會讓你更有力量。

人多力量大，組合成A咖冠軍團隊

我在一開始創立公司的時候，就已經決定要走團隊的方式，我並不會羨慕其他人有名師、大師的明星光環。對我來說，我更希望是一群志同道合的夥伴打團體戰。

說實在話，這與自己的特質有關，第一個是我本來就喜歡一群人為共同目標奮鬥的感覺，第二個是最初踏入教育訓練行業的時候，不夠自信，老覺得沒有辦法跟別人「釘孤支」，要「打群架」才有勝算，誤打誤撞地摸索了一段時日才走團隊的路線，其實這個源頭是因為害怕自己比不過別人，所以趕快找一群人取暖，於是變成一個合理的解釋：形成團隊。

但從後來的結果應證，不走個人主義、英雄崇拜的模式，是一項正確的選擇，因為我發現了自己在建立系統及領導組織上的能力，而且團隊運作能產生一加一大於二的效果。

選擇所有光芒在自己身上的模式也可以，你是一個最厲害的人，但是一×一×一×一×一還是一，那如果五×五×五×五×五呢？這就是團隊的力量。

在市場上占有率要大，就需要團隊；根據布萊爾．辛格的銷售狗理論，五種銷售狗的特性、天賦不同，所以最好的方式就是組成團隊，來互相彌補不足之處，共同完成目標任務。像我的公司就是用很多彩色的拼圖來標記，每個人代表一塊拼圖，可以拼出雄偉的作品。

市場上有太多不一樣的顧客，當小張搞不定的時候，或許老吳能拿下；就像籃球員有的擅長三分球，有的很會搶籃板，有的控球佳等等，團隊必須有不同的人才，各司其職。

如果想要讓業績翻漲，光靠一己之力很難，必須透過團隊合作；如果你是團隊中的一份子，要讓自己對團隊有貢獻，也必須確保有在戰場上願意支援你，幫你做掩護的戰友，不要成為孤鷹。

而就像要打造美式橄欖球冠軍團隊，得找冠軍教頭隆巴迪（Vince Lombardi）一樣，企業領導者就猶如球隊的教練，假設你是中高階主管，那麼你是否具備冠軍教練的特質呢？

布萊爾．辛格認為真正的領袖不一定是天生的，也可以藉由後來的培訓而成，身為領導人的責任，就是納入各有專精特長的成員，適才適所，把對的人放在對的位置上，並且透過創造對的環境來塑造團隊，想辦法讓每個人在團隊當中發揮個性與特質，得到成就感，有責任心也做得開心。

商業領袖必須具備謙遜、親和的特質，就像爬竿，先是雙手、雙腳攀附在竿上好撐住身體的重量，想要再往上爬，就必須先放掉一隻手，往更高處抓去，才能帶動身子往上爬，如果害怕掉下去而雙手緊抓竿子，終會因體力不支而鬆手跌落，先放手才有機會往上。

有捨才有得，領導者應該警惕自己要有容人的雅量，也要信任你的部屬，捨得放下權力交給你的夥伴。

找到好的夥伴等於是職場上的重要資產，只要善於運用夥伴的天賦、產生良好的化學反應，就能組成一支強大、堅不可摧的A咖冠軍團隊。

權力下放，帶人先帶心

劉嘉海說自己以前很堅持帶人要質不要量，學習之後才懂得要從質去變量，這個量是業績，這個「質」的認定標準則是從「專業」轉變成「專業+信念」；因為以前他只是想將同仁複製成另一個「自己」而已，現在則是希望夥伴能有共同的信念。

「過去我只是『假裝』在聽同仁說話，其實根本沒有真正地去聆聽他們的心聲與需求。我在團隊中建立的只有威權，而沒有威信，現在我在立公司牆上的榮譽典章時，每一條都需要全部人同意才會列上。」

嘉海也在Eagle課程中學到了充分授權，他坦承之前開店，店長之下沒有設副店長、主任，體系形同架空，造成上下溝通有阻礙；如今下放權力，將組織扁平化，做法也從高高在上的領導人，轉為親和力十足，主動關懷夥伴。

為加強凝聚力，他不定期舉辦運動以及社團活動，每月月初依照少數服從多數的原則，選出這次的主題，衝浪、攀岩、打羽球，以及近來流行的密室逃脫遊戲等等。

「有一次我們從天母舊古道上健行到文化大學，然後繞到陽明山後山賞夜景，看著萬家燈海，心情格外放鬆平靜。」這些活動不但讓同仁有了更多共同的經歷與話題，也能紓解工作壓力。團隊之間的相處氛圍也變得像家人般緊密，能夠彼此幫助。

嘉海印象最深的一次，是二〇一五年尾牙跟團隊一起爬合歡山，他還帶了兒子一起去，想讓他有個不一樣的十八歲成年禮。

在山下時，看到別人登山拐杖、釘鞋等裝備齊全，他們連雪鞋也沒有，套著雨衣，穿著球鞋、休閒鞋就上山去了；好多同仁在濕滑的雪地摔個人仰馬翻，這邊摔倒一個剛站起，另一邊又有人摔一跤；但沒有人放棄。

「我當時是第一批上去的，大家一起在標竿拍完照，要下去時正好第二小組抵達，於是又一起合照，然後下山到中途時又遇到第三小組，想著陪他們一起行動，所以又上去了一次。當時看到一位已經做了媽媽的同仁，臉上布滿了不知是汗水、雪水還是雨水，內心很感動。」

後來只要覺得夥伴們感到疲累、能量低下的時候，他就會放這支影片來鼓舞士氣。

在房仲業打拚二十多年，個人及帶領的團隊皆屢獲佳績，也是同仁眼中很受歡迎的「海哥」，對於職場年輕人，他建議：「眼中不要只看見錢，在工作中要累積你的專業能力、人脈及溝通技巧；要增加的是收益而非僅是收入，收入是獎金、薪水，收益則是客戶的掌聲、肯定與口碑等等非金錢的獲得。」

嘉海說，有一些客戶是專門做房地產投資生意，而他們願意將房地產投資的智慧教他，是出於對他的信任，「當你願意交心，並真心對待你的客戶時，他們也會將真心回饋給你。」

激勵團隊心法：人人都是總幹事

有一次閒聊時，沈剛跟我分析，進入壽險行業的人才，大概分為想要翻轉身手及翻轉人生兩種。

「有些高學歷的碩、博士，或原本是老闆或企業中高階背景的人才進壽險公司，追求的是翻轉身手的可能性；而像我這種平凡人，經過不斷努力從

C咖變B咖，再向上提升成為A咖，則是尋找翻轉人生的機會。」沈剛說。

沈剛現在跑業務外，更多精神放在培育人才。很多人認為保險業很自由，但他卻堅持要有紀律，每天早上八點開晨會，並且要求全員到齊。

金融海嘯期間，曾經歷團隊出走一半的沉痛教訓，讓沈剛更加重視人才的培訓及管理。沈剛說：「很多人說現代年輕人不好帶，如果用以前老一輩思維來看，會覺得他們不夠努力，但新世代的年輕人一出生就被照顧得很好，從小不缺錢，他們工作要的是成就感，他們要舞台，要快樂。」

所以他每天的晨會安排不同主題，不是枯燥的會議，而是預先排好一些學習的課程，並且用幽默的方式主持晨會，同仁們都叫他剛哥，通訊處整體工作氣氛很好，同事之間也是朋友、家人。

要同仁銷售保單，他同樣也要求自己去找客戶，因為他以身作則，信守承諾，言出必行，帶領的團隊成員因信服領導而更有凝聚力，樂於共創佳績。

辦公室很多年輕人自動留下來加班，有時甚至到十一、二點，有時沈剛還得趕他們回家，但年輕同仁卻喜歡這個環境，想要留下來。

沈剛覺得現在年輕人有企圖心但缺乏自信，可能成長過程較少被稱讚被肯定，所以他會更多地以鼓勵代替責備。

他甚至跟新人說：「接下來三年，如果你完全照我的方式做，卻沒達到年薪一百萬的話，我可以補差額給你。」

當然不是每個人都能按照他的方式，分析最後未達到標準的同仁，往往有兩種情況，一是懶，有惰性，想要卻做不到；二是恐懼，怕被拒絕，他會鼓勵他們，最差的狀況不過就是不買，沒有比這更恐怖的了，要與恐懼共處。

「軟弱也要在團隊中軟弱，沒有人規定始終都要保持正能量，所以我想創造一種環境是正面的，讓更多正面的聲音去吸收掉負面的雜音。」

職場中能力最頂尖的，通常只占百分之二十，百分之八十屬於平凡者，而對這百分之八十的人，沈剛抱持著「等待並期待」的心態。

「我不會讓業績不好的人失去舞台，因為有的人現在只是還沒發揮潛力，或許有一天突然想通，例如有些男同仁是因準備結婚而開始有責任感，在工作上全力衝刺。我也會告誡績效好的 top sales，很多人因驕傲自滿而像流星消逝，時刻自我警惕以避免殞落。」

有些主管會把自己變成神，但沈剛想幫助團隊每個人都變厲害，即使他不在通訊處，依然能是很強的團隊。他的通訊處有句口號：「人人都是總幹事」，藉此激勵下屬責任感，具備往上爬的動力。

「夜晚的天空有月亮及星星，我認為月色（指自己）愈朦朧愈好，這樣才能襯托繁星點點（團隊同仁）。」沈剛說。

沈剛做的並不是沒有存在感的上司，相反地，他是最有份量的，是衝在前頭也是護衛在後，可以令員工下屬安心，得到激勵力量的存在。

靈性領導與夥伴哲學，創出連鎖帝國

美髮產業每年都會有剛畢業的學生進入職場，許漢宗說，「年輕人只要用對方法，能更好帶領，現代年輕人多半自我主張強，以理說服比較難，若改以靈性領導，以陪同、關懷的方式，會更容易接受；不過，這麼一來，中高層主管就必須有很強的溝通能力，因此更需要有靈性培養訓練課程。」

漢宗目前集團員工有近三百人、三十一家店，教育訓練團隊就有二十人，透過協理、處經理、區主任及店長傳遞企業文化及價值觀念；除了內部訓練，還會聘請外部老師上課教學。

「我選擇以靈性激勵來帶領同事，而不是一般企業管理常用的ＫＰＩ，是因為這種方式比施壓同事衝業績更為有效，ＫＰＩ的評比只會讓同仁間的距離變得遙遠。」

美容沙龍最重要的靈魂是店長，漢宗建立夥伴制度，邀請設計師成為生意合夥人，除了會和設計師溝通理念和願景，也跟他們討論未來職業生涯規畫，幫助他們學習管理，以內部創業模式，開展米蘭時尚的事業版圖。

二〇〇九年到二〇一〇年間，漢宗事業又遇上瓶頸，正好我引進布萊爾．辛格相關課程「靈性銷售」、「小聲音管理系統」，幫助學員在面對一些來自外部或是自我內部的小聲音，像是「別浪費時間」、「你不可能成功」的雜音時，培養專注自信。

漢宗也來上課，「課程提到環境的影響，強調要打造合適的環境；於是我也重新檢視自己，隨著事業體逐漸成長，重新制定了合適的事業系統。」

他體會到，人和團隊都需要不斷學習，雖然創業維艱，要投入不少資金，但他還是屏除了小聲音，勇敢下決策；一年間，漢宗聘請專家建構公司的組織系統，成立事業部，組織內分別有經營管理、服務品質及教育訓練系統，還設立ＣＩＳ企業視覺形象識別系統。

除了這些昂貴的投資，他也找了一些政府提供的免費管理講座，或購買管理課程的光碟片，做為教育訓練材料。

重新制定連鎖店的經營系統後，漢宗秉持靈性激勵原則，大量培育複製人才，然後從第十五家店，逐步擴張至現在的規模。

漢宗除了讓員工上心靈激勵課程，還安排學習美姿美儀，並舉辦時尚走秀舞台做為他們修業的成果展，讓同仁能在一個充滿關懷與能量的大家庭中，感受到職涯前景無限，也更願意與集團一起打拚。

高效來自紀律，紀律＝規律＋自律

在當前環境，事業需要尋求聯盟，甚至跨界合作，同事之間也需要互助，單打獨鬥沒有團體戰來得贏面大。

但既然是團隊，也就是由一人以上的群體組成，當然必須有彼此的束縛與約束，換句話說，不能只以個人的自由行事，必須受到一些限制。

就我觀察，有些保險業務主管一旦成立通訊處後，很容易鬆懈怠惰，但沈剛的通訊處成立多年以來，還是一如以往，例如每天上午八時開會，他一定在之前就出現在辦公室，這樣的限制與規定，目的就是要養成紀律。

紀律是什麼呢？我認為包含兩項要件：第一個是自律，第二個是規律。

假設你鼓掌時是很隨興地亂拍，要別人記住這節奏，跟你做得一模一樣是不是很難呢？但你照著節奏鼓掌，旁人聽了幾次後就能記住這規律性，不知不覺就能加入你，跟著你步調一致地拍手了；換句話說，做事規律能引發共鳴，讓很多人願意（或容易）跟隨，產生較大影響力。

規律能幫助事業績效更好，以計程車與高鐵做為例子，要能因應高運輸量，規律是必要條件。

計車程司機想超速就超速，想鑽小巷就鑽，不需要規律運行，但他再怎麼快，一趟最多只能載四名乘客；以日本新幹線七〇〇系列車為基礎的台灣高鐵，即使駕駛員已有多年經驗，但每一次發車，儀表板、各項儀器的例行檢核一樣都不能少，如果因熟練就輕忽，漠視「規律化」檢查，就會導致高風險。

規律來自公司或團隊的規章或系統步驟，對於公司的理念、宗旨及系統，必須重複不斷地檢查修正，公司愈成長就愈要做好這一點。

但要如何做好自律呢？自律即我管理的能力，而我認為當人有很好的「意圖」時，就能提高自律力。例如「你是要贏還是不要輸？」這是兩種層面的意圖，前者比後者有更強的決心。

我認為必須為公司、為團隊設立使命與願景，當員工有很好的意圖與目標，就能幫助他們堅持、專注地去做。

對我而言，我自律的意圖來自使命感，「一定要讓這個使命發揮，讓更多人受到更多的影響，讓他們的生命是可以改變的。有了這樣的意圖，我就傻傻地做，很多東西也就影響不了我。」

簡而言之，要玩大的遊戲，想創造高效產能，就要讓團隊恪守「必要」的紀律，自律加上規律，加乘出高績效、高產值。

眼中不要只看見錢，在工作中要累積你的專業能力、人脈及溝通技巧；要增加的是收益而非僅是收入，收入是獎金、薪水，收益則是客戶的掌聲、肯定與口碑等等非金錢的獲得。

幸福・財富

一次拚出來的簡單實用法則（五）

你只要跟我一起改變原有的「負面信念系統」

信念：要有熱切渴望的意圖

什麼是熱切渴望的感知呢？例如：你一定曾經有尿急的經驗吧！如果你已經到達忍無可忍的狀態時，好不容易找到廁所，但你身邊有人拉住你不讓你去，你是否會用力掙脫，不管如何就是非去不可，這種感覺就是熱切渴望，對你的目標如果有渴望的感覺，不達標也很難吧！

練習

①找一個對人有益，同時又有趣的事，練習服務別人。例如：加入一個你喜歡的聚會、商會，或自己把家族組織起來，訂下一個目的或方向，然後開始去服務他們！

②在人際圈內開始勇於表達自己的答案或看法（因為答案沒有對錯，只有好用或不好用）。

Part 6

影響力才是真正的財富

會回饋社會的企業通常都是賺錢的，懂得幫助別人的人往往是富足的；還覺得自己不過是小人物，沒什麼影響力嗎？不要給自己找藉口了，你不是做不到，你只是還沒做！

★我喜歡鼓勵學員，把標準訂得高一點，不只追求成功，更要追求卓越。

★根據暢銷書作者羅伯特·清崎的說法，二十一世紀全世界通用的貨幣，並非任何國家的錢幣或貴金屬，而是「影響力」。

★任何事情的發生，必有其原因及結果，並有助於我。

★你先往前一步之後，對方也會慢慢靠近，彼此感受到甜蜜幸福的奧妙，就會隱隱地多前進一步、為對方多做一些。

★有句話：「命好不如習慣好」，你永遠不曉得在未來機會來臨時，一個個的好習慣會怎樣去成就你。

台灣有句俚語：「人有兩隻腳、錢有四隻腳」，人總是追著錢跑，但有錢不等於財富，因為錢只是工具，錢可以用來生錢（投資），也可能只是用來填飽肚子。

想要有錢必須裝備自己的價值，當你有價值時，根據交換法則，更高的職位、更好機會，或是全宇宙的訂單就會向你飛來。

買東西不必看標價的人生，就是成功的人生嗎？這想法對，但也不全然！因為每個人對於成功的定義並不相同，有人認為擁有財富與權力是成功，有人認為成功等於實現夢想。

「創造自己的價值」，這是我對於成功的定義；但是，這句話有個弔詭之處，就在於「自己」這兩個字，當眼界只停留在「自己」身上，即無法與別人產生連結共鳴。

我喜歡鼓勵學員，把標準訂得高一點，不只追求成功，更要追求卓越。卓越，代表的是「創造他人的價值」，把焦點放在別人身上。這令你與他人產生更正向的連結，你為別人著想，別人的快樂又將帶動你的快樂，這種動能像齒輪，循環正向的動力是很難被消滅的。而且當你低潮時，會有很多人願意拉你一把。

多年前欣賞一部印度電影《三個傻瓜》，看到最後一幕一群人在沙灘上追逐，忍不住拍案叫絕，這就是我一直深信的：「當你做得卓越的時候，成功便會追著你跑。」

讀者有去國外旅行的經驗吧，行前有一件重要的事：兌換當地貨幣，到日本要用日幣，美國用美金，英國用英鎊；那有沒有一種幣值是全世界通用的呢？

答案不是信用卡，也不是比特幣，根據暢銷書作者羅伯特．清崎的說法，二十一世紀全世界通用的貨幣，並非任何國家的錢幣或貴金屬，而是「影響力」。

「影響力」代表的是讓人願意接受、樂意信服、想要追隨，甚至因此改變的力量。

幾年前有一次到新加坡出差，看到新加坡那麼小的國家，各行各業卻都非常興旺，內心很感慨，為什麼台灣競爭力不如人？回程飛機上，遠眺窗外，當寶島在一片汪洋中出現時，心頭一熱，湧上一個想法，人生到達這個階段，應該開始回饋我愛的這片土地了。那個時刻就是加速我想幫助他人、傳播善知識的想法源頭。

「當一家公司獲利成長，會影響更多的員工夥伴，以及其背後的家庭。」這是我想透過教育訓練提升人才競爭力的使命感，為更多人帶來幸福。

我也將公益結合課程，例如領袖課程的最後活動是完成社會服務，藉此帶動更多學員參與公益；並成立群鷹公益發展協會，讓散布在台灣各地的畢業學員回娘家，創建一個讓善的舉動能遍地開花的平台。

只要你將關注的焦點放在更大的世界，即使不是透過公益活動，也能為周遭的人創造價值與快樂，發揮你的影響力！例如，用心煮一杯好咖啡、烹調出美味餐點，讓你的客人覺得物超所值；盡心協助你的上司或是同事，創造公司的產值；關心家人，讓他們覺得「有你真好！」

做生意、事業，還是志業？

想請問讀者，你要做的是生意、事業，還是志業？

這三者的不同在於，做生意是買空賣空，這攤沒賺頭了，我後續跟你可能不會再有連結；做事業則是要從長期經營的角度去著眼，與人建立長遠關係；做志業呢？必須加入能夠豐富人們生命的元素，而不只是長期的買賣而已。

一定要記得，「顧客比你想像的還聰明」，別抱著隨意唬弄的心態。

我每次學到新的方法都會先在自己身上實行，接著落實於公司，實證有效果了才會排入課程；在國外進修十種課程，如果只有兩個適用於台灣，那我會將另外八種淘汰掉，只推廣有效的部分。

學↓做↓教，這是我的ＳＯＰ流程。光學習了卻不操做，就猶如背誦，抄抄寫寫複製，隨著時間很容易就遺忘掉；親身實做，猶如將課程植入細胞、刻入骨子，內化了才有言行一致的智慧，產生更強的穿透力。

我的使命是傳播「善的知識」，何謂善的知識？就是有力量的知識，能帶給他人成長、提升「銷售力、影響力」的知識。

人生的收入皆是從銷售而來，說一句「銷售就等於人生」，應該不會有人反對吧？人生其實處處都需要銷售，無論各行各業都是銷售，包括賣出你的服務與智慧也是銷售，讓別人樂於接受你的想法也是一種銷售。

一般人之所以無法突破自己，是因為扁平式的想法，缺乏空間立體概念的思維，但是有企圖心想要改變的人，等於先把自己空間放大了，愈是這種人進入到教室，通常他改變及翻轉身家的贏面較大。

二十幾年的職場生涯回過頭來看，我真的感謝我沒有很聰明，因為不夠聰明，所以務實地把老師教我的東西聽話照做；也傻傻地、認真地、持續不斷做著想要讓這塊土地豐盛富足的使命。

很感動的是，過程中得到很多回響。

兩年前的某一天，我收到了一名學生發來的簡訊，她說：「黃老師，真的很不好意思，這一聲感謝遲了十七年才發給你。」

原來這名學員的人生歷經過非常大的衝擊，前夫對她不好，後來又遭遇嚴重車禍，頭部開了好幾刀才從鬼門關回來，但因為十七年前已經植入一段很有力的文字：「任何事情的發生，必有其原因、必有助於我。」每當她在人生中跌倒的時候，這句話就會跳出來，提醒她用正面思維去看待世界，也因此在生死交關時，能用堅強的信念挺過死神的魔爪。

她本來感覺自己是還蠻苦的一個人，也覺得很渺小，但是後來遇到一位好男人，現在事業做得非常成功，也非常幸福。這是一段因信念引發影響與改變的真實故事。

我也曾收到過一封來自桃園的信，是一位媽媽寫來的，她感謝我們讓她找回了一個兒子。之前他們母子關係緊繃而冷漠，彼此像陌生人一樣疏離，但她兒子自從來上我們的課程後，變得會向她噓寒問暖，家庭氛圍因此變得大不相同。

上過執行動力的夥伴都清楚，我設計出來的遊戲課程會讓學員去玩一些真的東西，也就是有一些家庭作業要做，這過程會讓學員與家人關係小小地往前一步，後面便產生漣漪效應。你先往前一步之後，對方也會慢慢靠近，彼此感受到甜蜜幸福的奧妙，就會隱隱地多前進一步、為對方多做一些。

沒有人是獨居的動物，人是群居的，既然這是一個事實，那麼家庭就是社群的第一個，所以是我想做的第一步，先讓自己內在變得更快樂、更和諧一點，當你開始動起來的時候，會創造一個更美滿的家庭，然後形成和諧的社會、國家。

回饋給我的例子與故事有很多，令我感受到所做的事情能幫助人，是很開心而有意義的，當賦予事業更高的宗旨與使命後，就產生高能量與動力，現在我很有自信地說，我做的不是事業，而是一生追求，矢志不渝的志業。

己利利人，己達達人

沈剛在成立順立通訊處時，便立下宗旨，要在愛裡幫助人們立定志向、立定根基，己立立人、己達達人。

志向即是夢想，逐夢要踏實，根基打樁就得要立穩，當自己的心立好了，就能推己及人，最終成就他人；而這一切，都是以愛為出發點、在愛裡完成。

沈剛與我分享他的想法，「保險是很特別的行業，要做好保險業，唯有由愛出發，如果以利為出發點，或許可以做好一陣子，卻沒辦法做好一輩子。」

保險無法只講利，有些客戶會說，「啊你們那個保單報酬率又不好。」沈剛表示，買保險若只講報酬率，不就是今天買意外險，明天猝死，這種情況報酬率最好？但這並非保險的意義。

保險的報酬率，其實是表現在「愛與責任」，例如第二章提過的那位郵局大哥，就是幸好有藉由保險規畫，讓所愛的人的生活多了份保障。

以前沈剛以為領導八十人已經是極限，上完課後發現自己影響的幅度、範圍可以更擴大，現在領導人數多達二百多人；他不把焦點放在業績上，而是放在同仁身上，有的業務員在乎財富、有的在乎榮譽、有的在乎樂趣，他分別因材施教，想的是幫助別人，但自己財富卻因此增加。

身為南山人壽最年輕業務總監，沈剛一度因驕傲而迷失過，現在的他開的是國產老車，車窗搖起有時還會卡住，生活也過得很簡單。他與妻子是保險業中有名的夫妻檔，「這一路，非常感謝我的老婆，她既是我事業上最好的夥伴，也是人生很好的鏡子，我請她幫忙監督，若是我又得意忘形了就大力敲醒我；她是我人生最好的教練。」

沈剛說，他們每天就做兩件事，一是透過銷售保單幫助人們幸福，二是透過保險事業幫助人們更成功，這是很快樂的事！他的願景就是希望不斷培養領袖，讓通訊處成為卓越的團隊。

很多人對保險有恐懼或排斥的觀感，就是因為業務做著做著就不見了，所以沈剛常告誡下屬：「你離開就是給客戶最大的懲罰，因為你打破了客戶對你的承諾及信賴。」藉此強化他們的責任心及使命感。

企業文化要擴散宗旨理念，就得像刷油漆一樣，一層、兩層、三層，還必須時時維護，「看到很有心的年輕人，就像看到當初的自己，希望能培養他們走下去，長久地為客戶服務。」

沈剛透過自己的影響力，為公司培養精英，為同仁實踐夢想，為客戶創造信賴及愛的服務。

一般人之所以無法突破自己，是因為扁平式的想法，缺乏空間立體概念的思維，但是有企圖心想要改變的人，等於先把自己空間放大了，愈是這種人進入到教室，通常他改變及翻轉身家的贏面較大。

把愛傳出去

「小時候，大人會將玉米等農作物曬在三合院。夏天有午後雷陣雨，只要一下雨，家裡的大人、小孩就趕緊衝出來收拾，然後經常收著收著，我就會看到左鄰右舍在收完自家穀物後，趕來幫忙的身影。」無私互助的農村景象，是深烙在劉嘉海記憶中的童年印象。

長大後忙於事業的他，逐漸忘卻了這種無私付出，直到這幾年透過學習課程的激勵，現在這個農村囝仔，把傳統社會樂於助人的樸實精神傳承發揚。

嘉海經常帶著他的房仲團隊做公益，例如趁假日給遊民送愛心便當，當他們轉換另一種身分去服務，眼中看到的不再只有利益與競爭。

「在服務的過程中，我發現有些人並不是為了那八十元而來領我們的便當，他們其實需要的是一份關懷。」

「你為什麼願意聽我說話，大家都嫌我髒，已經很久沒人跟我說過話了。」曾有一遊民卸下心防向他們傾吐。

剛開始辦這項公益活動時，有個業績頂尖的同仁很不以為然，他覺得幫助這些人並不值得。嘉海尊重他的想法，對方因為信念不合求去，他也不挽留。

「他的想法並沒有不對，但我覺得或許這些遊民現在是處於社會邊緣，但當我們創造一種關懷時，可能會讓他們感到自己的價值，若因此重新振作，只要有一人拉回來了，這不是很好嗎？」

嘉海不會勉強同仁，任何社會服務都是自發性參與，除了愛心便當，他們還去關懷獨居老人，幫老爺爺、老奶奶打掃環境，也到老人院做義工。

他回憶，有次一位同仁帶了自己的孩子一起來，想讓孩子從小就學著做愛心；在跟一位阿嬤相處了一下午後，他們跟老人家道別，當阿嬤在小朋友臉上輕輕一吻，小朋友抱著老人家，不捨地哭了出來。

「還有個老爺爺很可愛，看到我們來很開心地說：『幸好有你們跟我說台語，不然我整天都聽印尼話，都快跟她們學一樣的語言了。』」老爺爺的話很幽默，但讓人聽了不禁心頭酸酸的。

每次公益服務後，嘉海都在公司開分享會，讓同仁分享彼此的心情。曾經有位業務說到一半就哭著跟他說：「經理，我要請假三天回老家看我阿嬤！」

有太多這類深層的感動發生，嘉海認為這種體驗是無價的。

嘉海也將愛的信念建立於公司服務，要團隊把客戶當家人，抱著幫他們圓夢的想法。他還用了很妙的譬喻教導同仁：「如果你是客戶，你會相信要幫助你的業務？還是會選擇想殺了你（想賺錢）的業務？」提醒他們，不再是業務訴說這房子如何如何，而是讓客戶去說，然後仔細聆聽客戶對這物件的感受。

由於媽媽是童養媳，嘉海潛意識中告訴自己，奮鬥打拚都是為了不要讓母親被人看不起，但透過課程正確認識自己之後，他不禁自問，這一切只是自己的想法，但媽媽有這麼想嗎？

現在，他將對母親的思念化做大愛，不但帶自己的團隊做公益，也成為公益發展協會的中堅份子，幫助協會推動愛心服務。「當自己無私付出時，愈感受到富足快樂，相信在天堂的媽媽也能看見我的快樂而感到欣慰。」

付出，是改變人生的開始

「最初進入這一行不是因為興趣，直到現在，美髮依舊不是我的興趣，但會是我的使命。」

從不斷失敗，到扭轉乾坤發展至如今的規模，許漢宗認為有個關鍵因素——「付出」。

第一個是對員工的付出。自從來上過課後，他感知教育訓練的力量，而教育訓練本身就是一種付出，因為美髮產業多數老闆不太願意栽培人，擔心造就競爭對手，可是漢宗不一樣，他樂於培養設計師、講師及管理人才。

他的慷慨改變了不少員工的人生，像是有個檳榔西施在受訓後，不但變身講師，還精通頭皮養護，單月業績可達五十萬，在公司名列前茅。還有一對來自屏東、家境不太好的兄妹，哥哥培訓後晉升店長、妹妹成為講師，兄妹倆工作穩定後計劃在台南購屋，想把家人接來同住。

「從課程中，我學習到必須把注意力放在別人身上，而非自己。這項改變因此助我順利度過難關。」漢宗說。

最大的親身體驗發生在二〇一〇年，當時有位店長要帶二十幾名員工出走，是一次滿大的危機與打擊，當時他若只關心自己的感受及心情，並無法改變什麼，而他選擇接受，換位思考對方為什麼想要出走。

漢宗自我檢討公司制度是否有不足之處，主動為打算出走的員工提供協助，後來大部分要隨店長離開的人發現老闆並不像店長說的那樣，選擇留了下來，原本漢宗預估要收三家店，結果不但一家都沒收，甚至從那年起逐步展店至現在的連鎖帝國。

第二個付出是社會公益。漢宗坦承最初是因為覺得自己命、運、家裡風水都不好，又不會念書考試，或許行善積德有機會改變運勢，才開始到教養院、孤兒院去做義剪。

隨著持續學習，漢宗在課堂上懂得了創造他人價值的意義，並因為實踐，親身感受做公益能讓他心靈富足平靜，看見自己存在的價值。

於是他愈做愈開心，至今投身公益已超過十五年，每年約舉辦五十場義剪，各地機關或弱勢團體也會邀約，像是這幾年每到過年，台南市衛生局就會邀他們在衛生局門口，服務一些身心障礙或藥物成癮的人，讓他們換個髮型，用好心情迎接新年。

漢宗說，施比受更有福，員工透過公益義剪明白了能夠付出是一種能力。

在義剪活動現場，經常兵荒馬亂，有些發展遲緩兒、身心障礙者，因為無法理解或是害怕而抗拒，要付出很大耐心去哄、去勸才能完成，很不容易；透過這過程，員工也更能惜福並了解服務的真諦。

「免費服務的都要費上這麼大的功夫，顧客願意花錢還好好坐著給你剪，是不是應該感謝及珍惜呢。」漢宗表示。

「付出」成為米蘭集團的企業文化與價值觀，十多年持續不斷地在做公益，讓官方學界對集團有很大的肯定，社會觀感及品牌形象也良好。

漢宗很珍惜美髮對他的養成及給予的一切，對認同企業文化而追隨他的人也感到責任重大，他的使命是希望成為守護者，創造「善性愛相隨」環境，為員工未來做好規劃，並且用美髮專業守護顧客的美麗，再有就是繼續守護公益，擴大善的影響力。

在服務的過程中，我發現有些人並不是為了那八十元而來領我們的便當，他們其實需要的是一份關懷。

讓愛流動・成長你我

生命第一階段，努力的動機是為了追求財富，到了第二階段後，想要回饋社會、付出貢獻的使命感愈發明確；過去雖然知道教育訓練是一條對的方向，但直到十年前，左腦與右腦才更合而為一，理性與感性全然認同，產生更強大的力量，加速我想要傳播善知識的力道。

現在比起要賺幾千萬、幾個億，每次開會我為公司設定的目標轉變成要影響多少人。我想做的是可以影響很多很多人生命的志業，對我來講，朋友就是財富，有機會跟這些人結緣，共同想辦法讓這塊土地變得更好，這種快樂是億萬富翁等級。

設計課程時，我覺得如果沒有生命力，學員離開教室後可能會「不帶走一片雲彩」，就像彷彿沒有來過一樣；所以創造愛的能量與氛圍在我們的課程裡，是很重要的元素。

記得那句話嗎？「外在的物質世界，永遠是內在的世界所投射出來的。」心智格局沒打開，內在世界改變不了，心智格局又必須透過一些操練才會蛻變。我希望透過課程來協助學員養成好習慣，有句話：「命好不如習慣好」，你永遠不曉得在未來機會來臨時，一個個的好習慣會怎樣去成就你。

付出與貢獻是很好的習慣，學會縮小自己、放大他人，快樂也就如影隨行。所以我在課程中都有建構社會服務的活動。

將公益服務系統化，影響更深遠

相比想到什麼做一下、今年做了明年就沒了的隨機方式，我認為公益服務系統化，有計畫性的定期啟動，對這片土地的影響力會更深遠。像有些課程是每一梯次都有，所以會不斷在台灣各地發生。之所以成立公益協會，目的也是想建構一個平台，將畢業的學員們串起來，投入進來一起參與公益。

三百位協會成員來自不同梯次的畢業生，共同特質是熱愛學習、喜歡與人交流及有心於服務與奉獻；協會除了在血荒時期號召過捐血活動，每年也會舉辦一至兩次的「讓愛流動・成長你我」社會公益活動，未來做到一季、一個月一次，並且是遍地開花。

這活動主要針對國小五、六年級學生，是因為想趁他們的孩子進入叛逆期前，製造機會，藉遊戲及活動式的體驗，與孩子打開心扉，彼此更親近。

「爸爸愛手機勝過愛我。」、「媽媽每次都要我讓，因為你偏心弟弟。」、「我不是不愛你，兇你是希望你將來比我好。」

台灣人普遍羞於表達，父母想傳達的訊息，到孩子這裡接收後卻未必一致，反過來亦然。有時候你生氣孩子不理你，或是抱怨不懂孩子在想什麼，或許他在更早之前就已經試圖跟你說話，只是你頭上的天線忙著思考其他事，沒有聽見孩子的聲音，於是他也關上門，親子關係就會像沒有接通的電話，斷線……

小時候跟父母疏離，我曾經好長一段時間受心結所困，所以特別不忍心看見這樣的孩子，設計這活動就是想提供及時修補的契機，製造親子可貴的回憶，產生更緊密連結。我們讓老師也參與活動，透過過程能更了解學生。

「讓愛流動．成長你我」就是想讓愛在更多父母、孩子與學校之間流動。去年我們在台中的一所小學成功聚集近百個家庭，回響很大，表面上看起來很像我們在為他們做貢獻，實際上我們內在獲得的更豐富。

我們做得很開心！有些學員也帶動家人一起來貢獻，每個人發揮自己的影響力，一個拉一個，傳遞一株株的小火光，凝聚成巨大的溫暖，在幫助別人的過程，我們也得到感動與改變，心靈豐盛富足。

這樣的影響力，我認為是更大而且不會被花光的財富。

更棒的是，每一個人都可以做到！

會回饋社會的企業通常都是賺錢的，懂得幫助別人的人往往是富足的；還覺得自己不過是小人物，沒什麼影響力嗎？不要給自己找藉口了，你不是做不到，你只是還沒做！

我想做的是可以影響很多很多人生命的志業，對我來講，朋友就是財富，有機會跟這些人結緣，共同想辦法讓這塊土地變得更好，這種快樂是億萬富翁等級。

幸福・財富

一次拚出來的簡單實用法則（六）

你只要跟我一起改變原有的「負面信念系統」

信念

你不會吸引到你要的，你只會吸引到你釋放出去的；也就是說，你只會吸引到「你是誰」？想過什麼樣的生活，先讓自己變成那樣的人！

練習

①練習相信目前你要突破的問題，一定至少有三個解決方法。

②你無法掌握（控）過去或未來，唯一可以掌握的是現在，所以生活中不管任何事情，你「選擇」當下喜悅或當下不開心，決定你勝負的能量！

時尚定制
GIRL FASHION HAIR
時尚輕旅行 / 從髮型開始!
找尋妳的獨特魅力♥閃耀變身Fashion Girl
米蘭時尚髮型獨家定制風格·讓妳美麗自信看得見·做得到
定制我的風格
米蘭時尚髮型
MILAN ▷ M2 ▷ NOAH'S
The brand prevails in the first of Taiwan
告別頭皮危機找米蘭就對了!
黃金28天
使用後明顯改善
油屑敏掉
頭皮顧得好
油膩不再來!
從頭皮顏色了解健康狀況 ▸▸▸
頭皮養護諮詢專線 0800-60-4490
青白色
健康的頭皮
紅色
緊張造成油脂分泌多
易引發細菌感染/發炎
黑色
壓力緊張/肩頸硬
循環不佳/偏頭痛
微黃色
疲憊代謝差
體溫高/頭昏
紅黑色
綜合紅+黑問題
易憂鬱/失眠
頭皮養護前
頭皮養護後
頭皮養護前
頭皮養護後
行政院勞工委員會
TTQS 訓練品質評核系統
銅牌認證
勞動部第九屆
國家人力創新獎
決審入圍
榮獲106年度
台南金讚百家好店
face book
粉絲團

沈剛
/Steve

南山人壽最年輕之業務總監

NAN SHAN 宗旨與願景

順立宗旨：
在愛裡：幫助人們立定志向立定根基已立立人、已達達人

順立願景：
成為不斷培養領袖的卓越團隊

順立的工作宗旨：
成為不斷培養領袖的卓越團隊

順立人的團隊精神：
人人都是總幹事

歷年得獎紀錄

100年成立「順立通訊處」
101年京都高峰極峰通訊處
102年榮譽會通訊處C組全國第二名
102年東京極峰通訊處
103年榮譽會B組全國第二名
103年大阪極峰通訊處
103年至尊會通訊處有效增員人數全國第一
104年榮譽會通訊處A組全國第一
104年1月分出[順可通訊處]
104年北海道超極峰通訊處B組全國第一
104年SUPER新高峰B組人數全國第一
105年榮譽會通訊處B組全國第一
104年全國信望愛最佳通訊處獎
104年中華民國保險公會優秀業務員
105年1月分出[順豐通訊處]
105年東京青森 SUPER高峰總監組全國第二名
105年SUPER新高峰總監組人數全國第一
106年南山榮譽會全國總監組 第一名
106年榮譽會【南山人壽全國最佳通訊處主管】
107年南山榮譽會 全國總監組 第二名

秉持「視客如親」的服務精神

- 20分鐘快速理賠
- 一通電話到府服務
- 住院關懷預付保險金
- 主動尋找失聯保戶 送達滿期金
- 率先引進Fees For Health 預防醫學觀念關懷客戶健康
- 遠距離健康服務
- 保戶專屬APP

歡迎超級業務一起加入我們的團隊
成為我們的夥伴

110 台北市台北市信義區基隆路二段51號9樓
TEL (02) 2377-0656 南山人壽 [順立通訊處]

BOOK 03

跌倒的贏家：
不只成功，更要卓越！商學院不會教的6堂價值數億元贏家智慧學

作　　者：黃鵬峻
協力作者：沈剛、劉嘉海、許漢宗
撰　　文：吳青靜
主　　編：林慧美
校　　稿：林慧美、陳慧淑
封面設計：萬勝安
美術設計：林銘樟

出　　版：苓業國際開發有限公司
地　　址：台北市大安區樂利路89號5樓
電　　話：(02)2378-0098
網　　址：www.lingye.com.tw

發　　行：日月文化出版股份有限公司
製　　作：洪圖出版
地　　址：台北市信義路三段151號8樓
電　　話：(02)2708-5509　　傳真：(02)2708-6157
客服信箱：service@heliopolis.com.tw
網　　址：www.heliopolis.com.tw
郵撥帳號：19716071 日月文化出版股份有限公司
法律顧問：建大法律事務所
財務顧問：高威會計師事務所

總 經 銷：聯合發行股份有限公司
電　　話：(02)2917-8022　　傳真：(02)2915-7212
初　　版：2018年6月
初版五刷：2018年6月
定　　價：340元
I S B N：978-986-248-722-8

國家圖書館出版品預行編目（CIP）資料

跌倒的贏家：不只成功，更要卓越！商學院不會教的6堂價值數億元贏家智慧學 / 黃鵬峻等著. -- 初版. -- 臺北市：日月文化, 2018.06
304面；14.7 x 21公分. -- (Book；3)

ISBN 978-986-248-722-8(平裝)

1.成功法 2.自我實現

177.2　　107004963